Ein Modell:

OASE
Gottesdienst anders

Dieses Buch möchte ich all jenen Mitarbeiterinnen und Mitarbeitern widmen, die durch ihren uneigennützigen und ehrenamtlichen Einsatz die OASE tragen und gestalten. Ohne sie würde es dieses Buch nicht geben. Herzlichen Dank für eine großartige Arbeit.

INHALT

1. Wie alles begann

Im Herbst 1992 setzten sich Verantwortliche unserer Gemeinde zusammen, um die aktuelle Situation zu analysieren und in die Zukunft zu denken. Dabei fiel uns auf, daß viele nicht kirchlich geprägte Zeitgenossen am gottesdienstlichen Leben interessiert sind, es aber schwer haben mit traditionellen Sonntagsgottesdiensten. Eine für sie fremde Liturgie und Orgelmusik sowie die Tageszeit erschweren eine positive Einstellung zum traditionellen Gottesdienst. Das zweite, was uns auffiel, war das mangelnde Angebot für Familien mit Kindern. Für nicht kirchlich orientierte Familien ist hier vor allem die Uhrzeit unserer Sonntagsgottesdienste maßgebend. Was tut eine »normale« Familie sonntags zwischen 9.00 und 11.00 Uhr? Im besten Fall frühstückt sie.

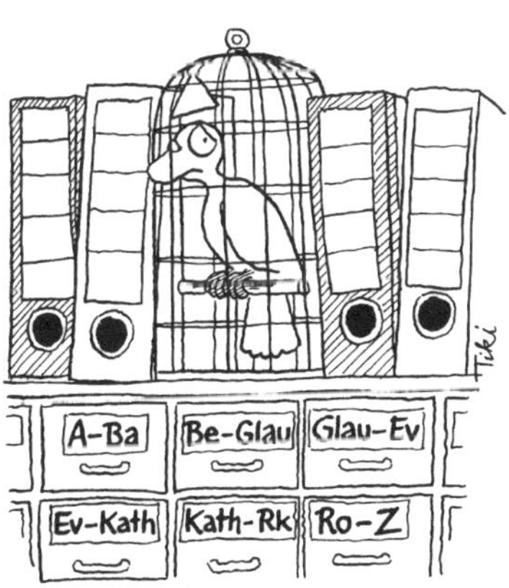

So blieb uns als Fazit die Idee eines missionarischen, familienfreundlichen, geistlich eindeutigen Gottesdienstes. Nachdem der geschäftsführende Pfarrer unserer Gemeinde uns ermutigte, dies zu versuchen, und bereit war, die Initiative im Rahmen seiner Kräfte mitzutragen, versuchten wir das Ganze auf eine breitere Basis zu stellen. Wir stellten an zwei Abenden die Idee (ohne fertiges Konzept) einem Kreis von Mitchristen vor (ca. 35) und diskutierten das Ganze. Die Meinungen darüber, ob ein solcher Gottesdienst überhaupt nötig sei, waren durchaus gegensätzlich. Am Ende eines nicht ganz schmerzfreien Prozesses fanden sich 15 Personen, die bereit waren, die Idee in die Tat umzusetzen. Ein Team bildete sich unter dem Namen »Eine Initiative von Christen in der Evang. Kirchengemeinde«.

Die OASE – so nannten wir unser Projekt – wuchs dann sehr schnell und nahm so den Kritikern einigen Wind aus den Segeln. Hinzu kam noch, daß der Dekan des Bezirkes Heidenheim die OASE befürwortete und auch Regionalbischof Rolf Scheffbuch zustimmend bis begeistert darüber berichtete.

Als nächstes klärten wir dann für uns, wer wir eigentlich sein wollten. Wo sollte das Herz der OASE schlagen?

Folgende Leitlinien wurden festgehalten:

- OASE ist geistliches Teamwork.
- OASE ist ein Gottesdienst für kirchendistanzierte junge Familien, also ein Gottesdienst für Interessierte.
- Machtstrukturen sollen möglichst ausgeklammert werden. Wir wollen hören und fragen: Was ist der nächste Schritt?

Für uns war es wichtig, uns optimal auf unsere Zielgruppe »junge Familien« einzustellen. Nach den ersten Veranstaltungen hatten wir die folgenden Erfahrungen gemacht:

- Das Kinderprogramm kommt phantastisch an. Kinder werden nicht nur betreut, sondern erleben in der Kinder-OASE ein erstklassiges eigenes Programm. Dies wird sowohl von den Kindern als auch von den Eltern honoriert. Die Zahl von 30-40 Kindern geht steil nach oben.
- Musik ist der Teil mit den zweitbesten Noten. Wir singen Lobpreislieder, die nicht immer auf Suchende ausgerichtet sind. Wenn in diesen Liedern von Majestät, Zion, Jesu Tod usw. die Rede ist, dann ist das für Kirchendistanzierte durchaus keine leichte Kost. Sie äußern sich darüber jedoch nicht negativ.
- Leute lassen sich zu einem Fest einladen, ohne sich deswegen besonders mit uns zu identifizieren.
- Der am Ende des Gottesdienstes angebotene Segnungsteil wird von den Besuchern nicht angenommen. Der Festcharakter scheint vorherrschend zu sein. Diese Veranstaltung ist offensichtlich kein Aufruf zur Seelsorge. Allerdings beobachten wir auch: Was die Menschen im Gottesdienst anrührt, ist die Nähe Gottes, und sein Wort tut seine Wirkung.
- 50 % der Besucher, die kommen, sind nicht aus Giengen und hauptsächlich Christen, die einen Gottesdienst suchen, der ihnen entspricht.
- Wir erreichen aber auch sehr viele Außenstehende, im Gegensatz zum traditionellen Ersten Programm.

- Das mit einem schönen, gelben Button ausgerüstete Seelsorgeteam ist arbeitslos. Trotzdem belassen wir die Seelsorge in ihrem Amt, denn es ist wichtig, daß man sie kennt. Dadurch gibt es auch während der Woche Kontakte.
- Die OASE wächst sehr schnell. 120 Besucher waren es am Eröffnungssonntag (Pfingsten 1993), und nach einigen Veranstaltungen waren es bereits 200. Wir wollten aber von Anfang an nicht nur eine gelungene Veranstaltung mit vielen Besuchern. Jetzt muß Wachstum in die Tiefe erfolgen, das heißt, das Hauskreissystem muß entwickelt werden, und vertiefende Seminare, wie z.B. ein Grundkurs des Glaubens sind notwendig.
- Wir sind zwar »sucherorientiert« (seekeroriented), zeitgemäß und spannend, aber letztlich doch noch unverbindlich. Andererseits beobachten wir: Die Besucher wollen einfach da sein, so sein, wie sie sind. Man darf nicht zuviel von ihnen verlangen – zumindest nicht am Anfang.
- Unser Motto ist nicht »Bekehrung jetzt«, sondern wir machen das Angebot, sich mitten in der Spannung des Alltags einfach fallen zu lassen. Obwohl wir niemanden »bekehren« wollen, sagen manche Besucher: »Ich will so werden wie die.« Die Besucher sind angenehm berührt, sie beobachten und wollen dann gerne anders werden. Was wir machen, soll so gut sein, daß es die anderen vom Hocker reißt.

2. Kernpunkte der OASE-Arbeit

Im folgenden sind die wesentlichen Punkte der OASE-Arbeit zusammengefaßt:

1. So locker der Gottesdienst anscheinend abläuft, so straff ist er doch geplant. Es gibt ein zweiseitiges Programm, auf dem jedes Lied und jeder Beitrag verzeichnet sind. Es wird an die Leiter der einzelnen »Dienste« weitergegeben.
2. Für die rund 60 Mitarbeiter gibt es genaue Aufgabenbeschreibungen – zum Beispiel für Infotisch, Kassetten kopieren, Auflegen der Liedfolien usw. Durch solche klaren Informationen lassen sich auch Mitarbeiter motivieren, die noch ungeübt sind.

»Dankenswerterweise läßt Herr Pfarrer heute **uns** den Gottesdienst gestalten...«

3. Es werden immer wieder Umfragen unter den Besuchern gemacht, um herauszufinden, wo Stärken und Schwächen der Veranstaltungen liegen und welche Ansatzpunkte für Veränderungen es gibt.
4. Wir versuchen, die Anschriften der Besucher festzuhalten. Alle sechs Wochen erhalten sie einen Informationsbrief per Post. Dort werden die nächsten Referenten vorgestellt, aber auch aktuelle Termine der OASE-Arbeit bekanntgegeben.
5. Als Hilfe für die Kontaktarbeit gibt es einen ansprechend gestalteten Handzettel. Darauf sind Termine und Themen der nächsten drei Monate abgedruckt. Auch eine Anfahrtskizze ist enthalten.
6. Das auf dem Einladungszettel verwendete »OASE-Logo« findet sich auch auf allen anderen Einladungen, T-Shirts und sogar Luftballons wieder. Dies ist wichtig für ein einheitliches Erscheinungsbild.
7. Eine aktive Pressebegleitung ist wichtig. Ideal ist ein Artikel in der Samstagsausgabe der örtlichen Zeitung, möglichst mit Bild. Außenstehende reagieren darauf sehr positiv.
8. Die Gottesdienste finden derzeit 14tägig statt. Dies wird von 90 % der Besucher befürwortet. Aber auch die sehr hohe Arbeitsbelastung würde derzeit keinen wöchentlichen Gottesdienst zulassen. Die Arbeitsteams (z.B. Kreativteam, Musikteam usw.) treffen sich mindestens einmal vor jedem Gottesdienst zur Vorbereitung.
9. Wenn man wirklich Außenstehende erreichen will, müssen ganz bewußt Kontakte gepflegt werden. Die Veranstaltungen sind ein Treffpunkt für Kirchentreue und Interessierte, denn sie sind für beide gemacht. Neulinge stehen nicht im Abseits, aber der Gottesdienst orientiert sich nicht ausschließlich an ihnen.
10. Die Gottesdienstzeit am Sonntag von 17.30 Uhr bis 19.00 Uhr erleben wir als sehr günstig. Man kann vorher noch etwas unternehmen, ist aber zur Tagesschau wieder zu Hause.

SCHRITTE ZUR GEISTLICHEN ERNEUERUNG ALS PERSON

Wachsen als Gotteskind von innen nach außen
fleischlich -> geistlich

Beschreibung	Stufe	
Ich habe „den erkannt, der von Anfang an ist" und ruhe von daher im Frieden Gottes. Ich kann in den ganz alltäglichen Dingen außergewöhnlich sein und leben, weil ich nicht im Sichtbaren meine Wurzeln habe, sondern im Unsichtbaren, Ewigen, Im Himmlischen.	+6	
Gesinnung Jesu Christi wächst durch Vertrauen in Gottes Zusagen. Ich finde als ganzheitlich Glaubender in allen Lebensbereichen meine neue Identität. Bewußte Entscheidungen werden im Willen Gottes und in der Gesinnung Christi getroffen.	+5	
Der erfolglose Kampf gegen die eigenen sündigen oder fleischlichen Strukturen mit kreatürlichen Heiligungsbestrebungen und gesetzlichen Gegen-Strukturen wird aufgegeben. Der von Gott gezeugte neue innere Mensch läßt sich durch Gottes Geist mit Kraft zum Streit stärken.	+4	
Die Spannungen zwischen Anspruch des Glaubens und des neuen Lebens und meinen alten (Denk-)Gewohnheiten aus den Trends des Zeitgeistes der Umwelt werden mir schmerzlich bewußt.	+3	**Lobpreisabend** 14tägig ca. 25 Besucher
Ich wachse hinein in eine verbindliche Gemeinschaft von und mit Glaubenden; biblische Zusammenhänge werden mir klarer; ich lerne Glaubensaussagen zu bedenken und für mich zu klären.	+2	
Erste Glaubenserfahrungen bestärken mich darin, das neue Leben konsequent leben zu wollen. Ich möchte außergewöhnliche Dinge vollbringen.	+1	**OASE-Gottesdienst** Gottesdienst für Suchende
Jesus Christus wird Herr in meinem Leben! - Ich erfahre Sündenvergebung und neues Leben aus Gott. - Der Prozeß der Veränderung aller Lebensbereiche beginnt.	0	14tägig ca. 350 Besucher
Erkenntnis der Trennung von Gott dem Schöpfer und Lebensgrund. Bereitschaft zur persönlichen Buße und Annahme der Gnade Gottes in Jesus Christus.	-1	
Fragen nach dem Sinn des Lebens und der Todesschwelle verlangen nach klarer Antwort. Evangelium von Jesus Christus wird bewußt gehört.	-2	
„Brüder, über'm Sternenzelt muß ein lieber Vater wohnen ..." (Schiller / Beethoven) oder der Markt der esoterischen Möglichkeiten: Sind das auch in Krisenzeiten tragfähige Lebenskonzepte?	-3	
Fragen nach dem persönlichen Lebensziel drängen ins Bewußtsein: Arbeiten -> um leben zu können? Ich bin wer -> auch wenn Erfolg ausbleibt? Lustgewinn -> ist das wirklich alles?	-4	
Leben und leben lassen! „Brot für die Welt; Kuchen für mich!" Dann und wann sollte man auch für die Benachteiligten der Welt was tun; nur kein persönliches Engagement!	-5	
Grundhaltung: - mich selbst vewirklichen können! Werte/Ethik -> Nützlichkeit abwägen - Gott -> max. Chiffre für Nichterklärbares	-6	

NEUE LEBENSBASIS IN JESUS CHRISTUS

Weg aus der Gottesferne zu einer neuen Lebensgrundlage

3. Die Leitungsstruktur der OASE

Das Zweite Programm ist nur so gut wie seine Mitarbeiter. Keine Frage: Der Mitarbeiter ist das A und O. Freundliche Mitarbeiter, die sich selbst und die eigenen Fähigkeiten in die Arbeit einbringen und denen diese Arbeit Spaß macht, sind das eigentliche Kapital eines Zweiten Programms.

Wenn aber der Erfolg so entscheidend von selbständig handelnden und entscheidenden Mitarbeitern abhängt, muß man sich auch darüber Gedanken machen, welche Wünsche und Bedürfnisse sie haben; z.B. wollen Mitarbeiter klar wissen, wofür und wem gegenüber sie verantwortlich sind. Das »Organigramm« zeigt, wo ein Mitarbeiter sich im Gesamtgeflecht befindet. Dies ist das Organigramm eines noch kleinen Teams:

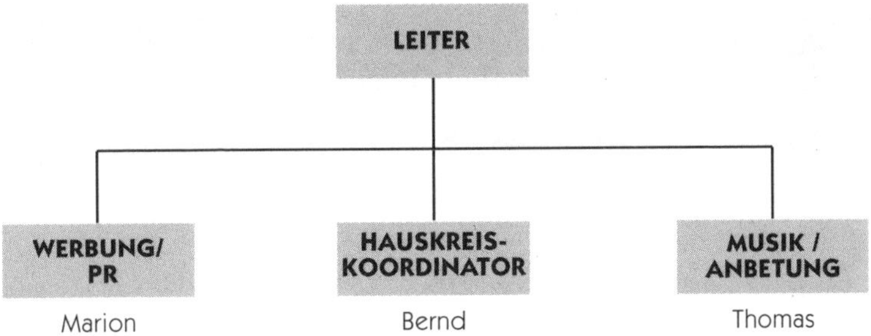

Wesentlich komplexer ist das folgende Organigramm, das die Leiterschaftsstruktur der Willow Creek-Gemeinde in Chicago darstellt.

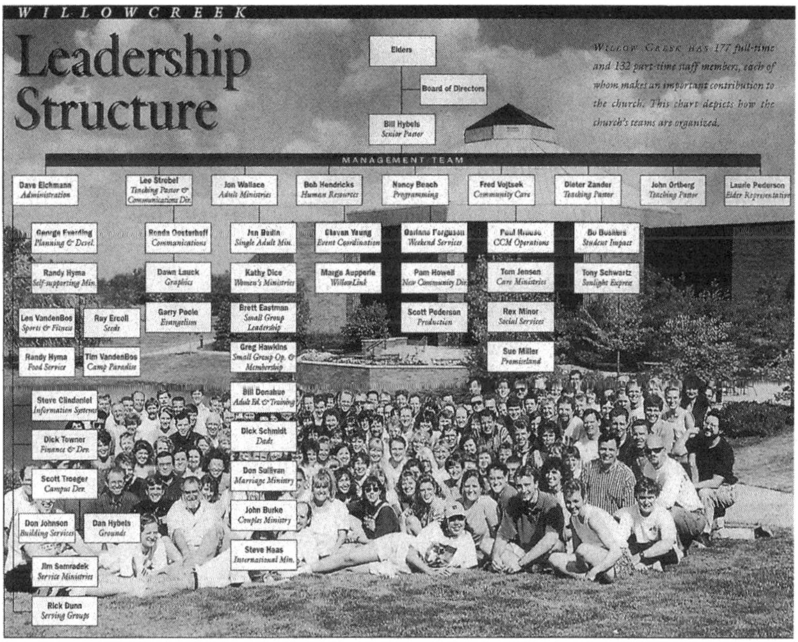

Der Willow Creek-Gottesdienst hat an jedem Wochenende ca. 16.000 Besucher. 177 bezahlte, hauptamtliche Mitarbeiter sowie viele Teilzeitkräfte und ehrenamtliche Mitarbeiter sorgen für dieses Mammutprogramm.

Das Organigramm der OASE sieht folgendermaßen aus:

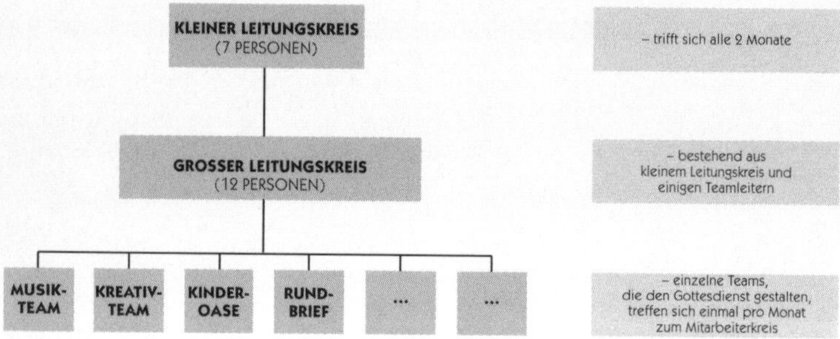

Im kleinen Leitungskreis der OASE (7 Personen) geht es um Fragen des »Mission Statement«, um die langfristige Ausrichtung der Arbeit, Werbeaktivitäten usw. Im großen Leitungskreis (12 Personen) sind die Verantwortlichen der wichtigsten Teams mit dabei. Die Teamleiter geben hier ihre Berichte, und gemeinsam wird die weitere Arbeit geplant. Er trifft sich alle zwei Monate mit dem kleinen Leitungskreis.

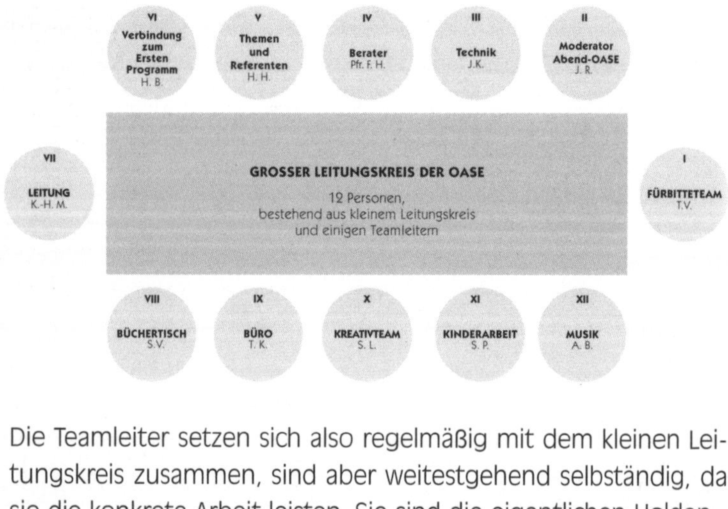

Die Teamleiter setzen sich also regelmäßig mit dem kleinen Leitungskreis zusammen, sind aber weitestgehend selbständig, da sie die konkrete Arbeit leisten. Sie sind die eigentlichen Helden.

Die Teams selbst werden von insgesamt 60 Mitarbeitern gebildet und treffen sich in den jeweiligen Gruppen zur Vorbereitung. Einmal im Monat jedoch laden wir alle Mitarbeiter gemeinsam ein, hauptsächlich zu gemeinsamem Singen, Abendmahl und Hören auf Gottes Wort. Fragen der Arbeit werden zum Schluß auch behandelt, sind jedoch nicht das Hauptanliegen dieser Treffen. Hier sollen die Mitarbeiter die Möglichkeit haben, auch geistlich aufzutanken.

Um zu verdeutlichen, wie die verschiedenen Teams sinnvoll zusammenarbeiten können, wollen wir einmal die Organisationsstruktur eines Volksfestes betrachten:

Bei einem solchen Volksfest gibt es z.B. eine Schiffschaukel, ein Kettenkarussell, eine Losbude, ein Bierzelt und vieles mehr. Beim Kettenkarussel sind vielleicht vier Mitarbeiter beschäftigt. Bei der Schiffschaukel drei und beim Bierzelt sicher über 15 Mitarbeiter.

Diese Gruppen arbeiten für sich. Wie selbständig sie sind, kann man an einem Beispiel erklären: Wenn der Himmel sich plötzlich zuzieht und ein Regenschauer losbricht, dann rufen die Verantwortlichen nicht bei der Geschäftsleitung des Volkfestes an, um nachzufragen, wie sie sich zu verhalten haben. Nein, jeder weiß, was jetzt zu tun ist. Das Kettenkarussell wird wahrscheinlich geschlossen. An der Losbude werden möglicherweise andere Preise ausgestellt, weil die Kundschaft wechselt. Im Bierzelt laufen die Vorbereitungen für die hereinströmenden Gäste an usw.

Ein solches Volksfest hat oft Hunderte von Schaustellern. Wenn man nach dem Management sucht, wird man wahrscheinlich nicht mehr als zwei Leute finden: einen, der die Gesamtverantwortung trägt, d.h. der festlegt, in welchen Städten und zu welchen Terminen die Feste stattfinden sollen, und einen zweiten, der als Buchhalter die Abrechnungen macht. Das war's dann auch schon.

»Jeder ist ein gleichwertiges Mitglied unseres wunderbaren Teams!«

Viele alternative Gottesdienste schlafen nach einiger Zeit wieder ein, weil sie einfach vom Arbeitsvolumen nicht zu bewältigen sind. Der Aufwand ist oft so groß, daß man nur alle 3 oder 6 Monate eine Veranstaltung durchführen kann. Anders ist es bei der OASE. Am Samstagnachmittag rufen die verschiedenen Arbeitskreisleiter beim verantwortlichen Leiter der OASE an. Zum Beispiel meldet sich die Leiterin des Kreativteams und sagt, welchen Beitrag ihr Team bringen wird. Die Leiterin der Kinder-OASE berichtet, was die

Kinder machen werden usw. Aus diesen Informationen stellt der Leiter nun das Programm zusammen. Dieses Programm ist dann verbindlich und liegt am Sonntag in kopierter Form für jeden Mitarbeiter bereit.

Erfolg braucht Vorbereitung

4. Gottesdienstablauf und -planung

Jeder Gottesdienst hat ein Thema, möglichst lebensnah (was interessiert die Leute?) und pfiffig formuliert, um neugierig zu machen. Beispiele dafür sind: »Freundschaft, die bleibt«; »Leben, das Spaß macht«; »Ehe in der Zerreißprobe – halten wir uns noch aus?«

Der Gottesdienst ist in einzelne Teile gegliedert, die von den Arbeitsteams in großer Selbständigkeit gestaltet werden. Ein Moderator führt durch jeden Gottesdienst, während der Prediger nur für seine referatsähnliche Predigt zuständig ist. Im einzelnen sieht das so aus:

- Nach einem Eingangslied und der Begrüßung werden vier bis fünf Lobpreislieder gesungen. Dazwischen werden die Besucher begrüßt. Erstbesucher erhalten ein umfangreiches Infopaket. Die letzten beiden Lieder sind Bewegungslieder, bei denen Kinder und Erwachsene mitmachen. Gesungen wird von Folien, und zwar bis auf einen Choral – neues Liedgut.
- Dann folgt der Kreativteil, bei dem versucht wird, auf das jeweilige Thema mit wechselnden Methoden einzustimmen. Bis jetzt gab es Pantomime, Tonbandinterview, Clownerie, Jonglage, Lobpreis- und Anbetungstänze, durchaus unkonventionell und mit Überraschungseffekten. Dann gehen die Kinder zu ihrer Kinder-OASE – dazu aber später mehr.
- Für die Gottesdienstbesucher folgt eine Anbetungszeit mit fünf bis sechs Liedern, unterbrochen durch einzelne Gebete von vorne, gelegentlich mit kurzen Gebeten aus der Gemeinde.
- Der Anbetungszeit folgt ein vorbereiteter, das Thema des Sonntags vertiefender Lebensbericht über Erfahrungen im Glauben, von Eingeweihten in der Regel Zeugnis genannt. Diesen Begriff haben wir bewußt vermieden, weil er für viele Leute nichts aussagt.

- Nach einem weiteren Lied folgt die Predigt. Es predigen Verantwortliche aus der Gemeinde (Laien), hin und wieder auch ein Pfarrer. Kaum einer ist öfter als einmal im Vierteljahr an der Reihe.
- Im Ersten Programm beginnt die Predigt mit einem Bibelvers und endet bei Fragestellungen des Alltags. Im Zweiten Programm ist es genau umgekehrt: Die Predigt beginnt mit Fragen des Alltags und endet mit einer Bibelstelle. Die Brücke wird also genau von der anderen Seite herum gebaut.
- Während der Anbetungszeit gehen kleine Zettelkästen durch die Reihen mit dem Angebot, Gebetsanliegen zu notieren. Für diese Anliegen betet nach der Predigt ein Team von drei Mitarbeitern. Die Gebete werden immer wieder durch einen gemeinsam gesungenen Chorus »Jesus, Sohn Gottes erbarme dich, Herr!« unterbrochen.

- Nach Vaterunser, Segen und einem Schlußlied beenden wir den Gottesdienst mit Abkündigungen und Hinweisen.
- Anschließend gibt es die Möglichkeit der Begegnung miteinander, unterstützt durch Kekse und Getränke und nicht zuletzt durch einen gut sortierten Büchertisch.

Die folgenden Seiten zeigen die Struktur der OASE-Gottesdienste sowie einen fertigen Gottesdienstablauf. Wenn man dieses Schema ansieht, denkt man, es sei alles vorprogrammiert und entsprechend starr. Wenn das Ganze jedoch von einem Moderator mit Liebe und Geschick präsentiert wird, die Übergänge nahtlos und ohne Schnörkel sind, dann empfinden die Gottesdienstbesucher den Ablauf als sehr natürlich und haben durchaus den Eindruck eines teilweise improvisierten Gottesdienstes.

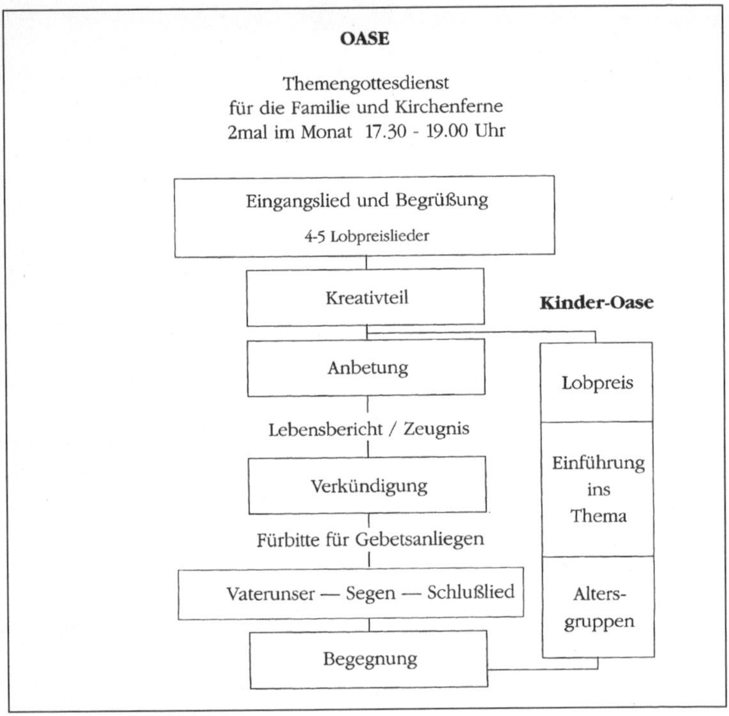

OASE - Gottesdienst anders

Termin: 21.07.96; 17.30–19.00; und 20.00–21.30

	nachmittags	*abends*
Thema	Endstation Sehnsucht	
Moderation	Jörg Knoblauch	Jakobus Richter
Predigt	Hermann Brender	Hermann Brender

Vor dem Gottesdienst:	was? / wann ?	Wer?
Aufbau/Raumgestaltung	16.00 Uhr (?)	
Begrüßung vor der Tür		
Musikstück (instrumental) vor Beginn; oder Kassette	*a) nachmittags: Musikstück* *b) abends: Lied*	*Musikteam*
Eingangslied	***Komm in unsere Mitte, o Herr***	*Musikteam*
Begrüßung / Wort zum Gottesdienst Eingangsgebet	**Hinweis auf „Besucher-Informationen" -: orange Karte ausfüllen und abgeben.**	Moderator
ca 4/5 Lobpreislieder einschl. Lied mit Bewegung für Kinder	***1. Mit göttlicher Kraft*** ***2. Jauchzt vor Freude*** ***3. Vater des Lichts*** ***4. Bist Du groß oder bist Du klein***	Musikteam
Thematischer Impuls	*Tanz*	*Thomas und Team*
Einladung zum Kinderprogramm Hinweis für Kleinkinder/Kaminzi.	**für Kinder ab 3 Jahre in der KinderOase; bis 3 Jahre im Kaminzimmer**	
Lobpreis und Anbetungsteil wärend des Lobpreis können auch Gebetsanliegen aufgeschrieben werden;	(5-6 Lieder); während des ersten Lieds ziehen die Kinder aus Kiste mit Stiften und Zetteln, die durch die Reihen gehen.	
	1. Kommt in sein Tor ***2. Kommet in das Allerheiligste*** ***3. Jesus, höchster Name*** ***4. Niemand als Du Herr*** ***5. Ströme der Heilung***	
Zeugnis	*höchstens 5–6 Minuten Dauer*	(nachm) & (abends)Gast aus Israel; Eddy übersetzt.
Lied vor der Predigt	***Mein Leben ist Jesus***	
Predigt	die Predigt muß **spätestens** zw. **18.25/30** beginnen und um **18.50 Uhr** zu Ende sein.	
Lied nach der Predigt	***nur Lobpreisteam:*** ***Allein Deine Gnade genügt***	***nur Lobpreisteam***
Fürbitte (3 Personen); der letzte Fürbitter schließt mit dem Vater Unser	anhand der Gebetszettel abschl. mit Vater Unser	

▶

Segen; direkt im Anschluß an das Vater Unser		
Schlußlied	***Jesus Christus ist aller Herr***	

Abkündigungen
1. Einladung zum Ständerling und Gespräch mit Mitarbeitern !!!!
2. Büchertisch, Kassette
3. nächster Termin und Thema:
am: 15.9.96; spricht Dr. Helmut Hapke zum
Thema: Arbeiten, um zu leben - leben um zu arbeiten?
4. Opferzweck;
Opfer der letzten OASE für das Seelorge- und Therapiezentrum Maranatha bei Bonn bestimmt. Wir danken sehr herzlich für 1743,10 DM. Wer sich näher für die Arbeit interessiert, findet am Infotisch Material dazu.
Das Opfer heute: (für den jüdischen Gast); klären ob er selbst oder Eddy was dazu sagt.

5. weitere Ansagen:
a)

b).

c).

Der Gottesdienstplan

Bei der langfristigen Planung unserer Gottesdienste hilft uns das auf der nächsten Seite abgedruckte Formular.

Der Leitungskreis füllt dieses Formular aus, d.h. er legt die Themen fest und wählt auch die Prediger aus.

Außerdem wird die Moderation für den Nachmittag und den Abend eingetragen. Was die Lebensberichte betrifft, so gibt es einen größeren Pool von Namen und Themen, aus dem man schöpfen kann.

Der Opferzweck wird ebenfalls vom Leitungskreis festgelegt.

Das Thema des Kreativbeitrages wird vom Kreativteam bestimmt und an den Leiter der OASE gemeldet.

Für die OASE hat sich unser Formular sehr bewährt, zumal man es mit dem Computer ganz einfach ausfüllen kann.

Oase-Gottesdienstplan; 2/94

Termin	Thema	Prediger	Moderation	Lebensbericht	Kreativ	Opferzweck	Besonderheiten
22.05.94 (Pfingsten)							
05.05.94							
19.05.94							
03.07.94							
17.07.94 (Ferien)							
28.08.94							
11.09.94							
25.09.94							
09.10.94							
23.10.94							
06.11.94							
20.11.94							
04.12.94 (2.Adv)							
18.12.94 (4.Adv)							

Gottesdienst-Formular

Text____________________ Datum__________

Thema____________________

____

____

Erwartete Resonanz____________________

____

____

Mögliche Bestandteile in Verbindung mit dem Thema:

Lieder____________________

____

Kirchenlieder____________________

____

Musikalische Beiträge____________________

____

Bibeltext/Psalmen____________________

____

Gebet____________________

____

Kreative Beiträge____________________

____

Beteiligung aller____________________

____

Weiteres: Bekanntmachung
Opfer
Abwechselnde Lesung
Abendmahl/Eucharistie
Taufe
Einsegnung/Konfirmation/Firmung

Wenn man das Ganze mit einer Schreibmaschine macht, dann eignet sich dafür z.B. das Formular auf der vorigen Seite, das aus dem »Gemeindegründungsarbeitsbuch« stammt.[1]

Der OASE-Gottesdienst hat ein festes Raster, gewissermaßen eine Liturgie. Insofern muß nicht jeder Gottesdienst neu entworfen werden. Bis man jedoch einmal ein solches Raster gefunden hat, ist es ganz hilfreich, den auf der nächsten Seite abgebildeten »Gottesdienst-Planer«[2] einzusetzen. Man kann hier die verschiedenen Beiträge sammeln und daraus dann einen Gottesdienst zusammenstellen.

[1] Robert Logan, Gemeindegründungsarbeitsbuch, Johannes-Institut, Wiesbaden, S. 63

[2] ebenfalls aus R. Logan, Gemeindegründungsarbeitsbuch, S. 64.

Gottesdienst-Planer

Text: Matthäus 11: 28 - 30 Datum

Thema: Von Jesus lernen

Erwartete Resonanz: Gottes Fürsorge spüren; In Gottes Gegenwart treten; Erkennen und sehen, daß Gott uns von unserer Last befreit;

Zeit	Programm und Überleitung	Benötigte Vorbereitung
10	Vorspiel: Peter an der Orgel	
6	Astrid begleitet am Klavier - Groß und Wunderbar - Würdig, ja würdig ist der Herr - Neues Lied beibringen	
	Günther geht vor zum Gebet	
6	und leitet über zum	
	Interview mit Olli von der Imanuelgemeinschaft	Hat Olli zugesagt?
10	Einführung in Anbetung (Klavier, Orgel und Gitarre)	
	- Lobsinget unserem Gott - Hosanna - Komm Geist des Vaters - Jesus, wir erheben dich (a capella, danach nur Orgel)	
	- Psalm 48 (Sandra)	Sandra anrufen
	- Kurze Stille	
	- Zeit zum Gebet	
	- Majestät - Du bist Herr	
25	Predigt Olli	Thema?
etc.		

5. Die Kinder-OASE – ein eigener Gottesdienst

Von Anfang an wollten wir die Kinder nicht nur betreuen, sondern ihnen altersgemäß eine eigenständige Form bieten, um Gott zu feiern und ihrem Glauben Ausdruck zu geben.

Die Kinder (von 3-13 Jahren) verabschieden sich nach dem Vorprogramm des großen Gottesdienstes und versammeln sich zu einer gemeinsamen Lobpreiszeit. Das Ziel dieses Lobpreises ist, daß die Kinder Jesus lieb gewinnen und ihren Vater im Himmel und den Heiligen Geist kennenlernen. In den Kindern soll ein Verständnis für die Größe Gottes geweckt werden und dafür, daß er sie bedingungslos liebt, ihnen nahe ist, daß er jedes Kind als absoluten Volltreffer geschaffen hat und jedes für ihn wertvoll ist.

Der Lobpreis mit den Kindern gestaltet sich sicher anders als der Erwachsenenlobpreis. Zahlreiche Bewegungslieder lassen keine Langeweile aufkommen und verdeutlichen noch einmal den gesungenen Text. Weitere Elemente können sein:

- eine kurze kindgemäße Auslegung eines Bibelverses;
- das gemeinsame Erlernen eines Bibelverses mittels eines Rap (durch den stetigen Rhythmus läßt sich der Vers spielerisch erlernen);
- gemeinsame Gebetszeit;
- hinführen zu einem biblischen Thema durch einen Sketch;
- Kinder haben die Möglichkeit, besondere Erlebnisse zu erzählen;
- Opfer einsammeln;
- Geburtstagskinder bedenken und beschenken.

Diese Elemente stellen die Basis der Kinderlobpreiszeit dar. Besonders wichtig ist uns dabei, daß nicht nur die Kinder-OASE-Mitarbeiter aktiv sind, sondern daß ein gemeinsames Feiern stattfindet, bei dem die Kinder die Möglichkeit haben, sich aktiv am Gottesdienst zu beteiligen. Die Lobpreiszeit dauert etwa eine halbe Stunde, und danach werden die Kinder – je nach Alter – in vier Gruppen aufgeteilt:

— Glühwürmchen	3 bis 4 Jahre
— Fischle	5 bis 7 Jahre
— Volltreffer	8 bis 9 Jahre
— Feuerwerk	ab 10 Jahre

Jede Gruppe hat ihren eigenen vorbereiteten Gruppenraum, in dem jeweils ein oder zwei Mitarbeiter die Leitung übernehmen. In den Gruppen werden biblische Themen altersspezifisch nahegebracht. Das kann durch Erzählen, Vorlesen, ein Theaterspiel, Bilder o.ä. geschehen. Zur Vertiefung und Aufarbeitung des Themas können folgende Elemente dienen:

- Eine Gesprächsrunde. Es ist von grundlegender Bedeutung, biblische Geschichten nicht als »historische Geschichten« stehen zu lassen, sondern Parallelen und Querverbindungen zu dem Alltag der Kinder zu finden. Manchmal ist eine erfundene Geschichte mit einer Identifikationsfigur, die die biblische Geschichte miterlebt, hilfreich.
- Malen der Geschichte oder passend vorgedrucktes Bild ausmalen. Dieses Angebot findet besonders bei den Gruppen mit kleineren Kindern Anklang.
- Basteln
- Geschichte nachspielen lassen
- Themenbezogene Lieder
- Bibelquiz

Den Abschluß in den Gruppen bilden meist ein Spiel und eine Kleinigkeit zum Essen und Trinken für die Kinder.

Die **inhaltlichen Ziele** der Kinder-OASE lassen sich im Kurzen in drei Anfangsbuchstaben beschreiben: LBS

L für Lobpreis
B für Beziehung zu Vater, Sohn und Heiligem Geist
S für Spaß

Lobpreis: Im Lobpreis kommt das Staunen über Vater, Sohn und Heiligen Geist zum Ausdruck. Die Liebe des himmlischen Vaters zu uns und auch unser Dank an ihn werden in den gemeinsamen Gebeten und Liedern hervorgehoben.

Beziehung zu Vater, Sohn und Heiligem Geist. Das Ziel der Kinder-OASE ist, die Kinder zu einer lebendigen Beziehung zu Jesus zu führen und ihnen von Gott und seinem Heiligen Geist zu erzählen. Die biblischen Geschichten sollen ihren Glauben aufbauen und stärken.

Spaß: Die Gestaltung der Kinder-OASE ist abwechslungsreich und phantasievoll, so daß die Kinder Freude und Spaß in ihrem Glauben haben. Fällt es uns als Mitarbeiter schwer, ein Spiel, Theaterstück oder Bewegungslied vorzuführen, dann kann der Funke der Freude nur schwer überspringen. Wenn wir aber Spaß an dem Programm haben, lassen sich die Kinder gerne anstecken und erfahren die frohe Botschaft tatsächlich als frohmachend.

Die Vorbereitung erfordert viel Zeit und Engagement. Sie beinhaltet eine Besprechung alle zwei Wochen und die persönliche Vorbereitung für die Gruppe. In der Teamsitzung kommen Gebet, organisatorische Dinge, Vorbereitung des biblischen Themas, Gespräche über einzelne Kinder und Gruppen sowie allgemeine Rückmeldungen zu der letzten Kinder-OASE zum Tragen. Die persönliche Vorbereitung und Gebetszeit ist entscheidend für das Gelingen der Gruppenstunde.

Zum Schluß sollen noch einige Mitarbeiter und Freunde der Kinder-OASE und Kinder zu Wort kommen:

»Nachdem ich schon einige Jahre in der kirchlichen Kinder- und Jugendarbeit gearbeitet habe, darf ich nun seit einem halben Jahr miterleben, wie sich Kinder unterschiedlichsten Alters von Jesus ansprechen und anstecken lassen.« Simon Maak

»Warum ich Kinder-OASE mache: Ich glaube, daß das Wertvollste und Wichtigste, das man Kindern mitgeben kann, der Glaube an Jesus Christus ist!« C. Bentele

»OASE ist für mich ein Volltreffer und da geht es auch voll ab.«
Lisa Eisner, 9 Jahre

Organisationsplan Kinder-Oase 2.Halbjahr 94

Termin Oase	Fischle	Jubelpack	Volltreffer	Feuerwerk	Besprechungstermin
28.08.1994	Sigrid	Richi	Susanne	Andreas	06.09.1994
		Heide	Ossi	Catrin	
		(Helmut)			
11.09.1994	Ariane	(Helmut)	Catrin	Andreas	13.09.1994
		Frederike	Susanne		
		Steffi			
25.09.1994	Ariane	Silke	Sigrid	Andreas	27.09.1994
	Steffi	Frederike	Susanne	Catrin	
09.10.1994	Ariane	Richi	Sigrid	Andreas	11.10.1994
	Steffi	Frederike	Ossi	Catrin	
23.10.1994	Ariane	Helmut	Sigrid	Andreas	25.10.1994
	Steffi	Frederike	Susanne	Catrin	
		Heide	(Ossi)		
06.11.1994	Ariane	Silke	Sigrid	Andreas	08.11.1994
	Steffi		Susanne	Catrin	
20.11.1994	Ariane	Richi	Sigrid	Andreas	22.11.1994
	Steffi		Ossi	Catrin	
04.12.1994	Ariane	Helmut	Sigrid	Andreas	06.12.1994
	Steffi		Susanne	Catrin	
18.12.1994	Ariane		Susanne	Andreas	
	Steffi		Ossi	Catrin	

6. Dienste in der OASE

Während es im Ersten Programm nur eine begrenzte Anzahl von Mitarbeiterdiensten gibt, ist dies im Zweiten Programm grundsätzlich anders. Alle Dienste liegen in der Hand von ehrenamtlichen Mitarbeitern. Zuerst einmal ist die Fülle der Aufgaben erschreckend.

Hat man regelmäßige Gottesdienste, dann wird man nicht umhin kommen, die folgenden Aufgaben zu institutionalisieren, d.h. für jeden Bereich einen festen Ansprechpartner zu haben. Um Mitarbeiter für die einzelnen Bereiche zu gewinnen, haben wir den folgenden Zettel entworfen:

Du wirst gebraucht!!!

Bitte diesen Zettel ausfüllen und beim OASE-Gottesdienst am Infotisch abgeben oder ins Opferkörbchen werfen.

Ich habe Interesse an der Mitarbeit im Bereich:

- ☐ Musik/Lobpreisteam
- ☐ Kreativteam
- ☐ Pantomime
- ☐ Kinder-OASE
- ☐ Fürbitteteam
- ☐ Segnungsteam
- ☐ Begrüßungsteam
- ☐ Tageslichtschreiber
- ☐ Saal und Technik
- ☐ Dekoration
- ☐ Bewirtung
- ☐ Gestaltung Infobrief
- ☐ Predigt auf Kassette
- ☐ Videoübertragung und Aufzeichnung
- ☐ Infotisch
- ☐ Büchertisch
- ☐ Kontaktdienst/Besuchsdienst
- ☐ Öffentlichkeitsarbeit/Werbung
- ☐ Finanzen
- ☐ Folienerstellung
- ☐ Planung vierteljährlicher Höhepunkte
- ☐ Ich besuche noch keinen Hauskreis
- ☐ Ich besuche den Hauskreis von:

____

Name

____

Adresse

____

Tel.

Hinter jedem Dienst verbirgt sich also ein Verantwortlicher und in der Regel auch ein kleines Team. Zu den einzelnen Diensten gehört auch jeweils eine Aufgabenbeschreibung, d.h. eine Beschreibung, in der noch einmal genau aufgeschlüsselt ist, was an dieser Stelle zu tun ist. Diese Aufgabenbeschreibungen (ca. 50 Seiten) senden wir Ihnen gerne zu, wenn Sie 10 DM in Briefmarken an folgende Adresse schicken: Traudel Knoblauch, Postfach 1108, 89526 Giengen, Tel: 07322 / 950 250

Wo nur hin und wieder eine Veranstaltung durchgeführt wird, tut es eine Checkliste, wie sie z.B. bei den »Brandstiftern«, einer Initiative innerhalb der evangelischen Kirchengemeinde Albershausen, eingesetzt wird:

– mindestens 1 Woche vorher prüfen –

– (leider) kein Anspruch auf Vollständigkeit! –

- ☐ VoGo-Vorbereitung: Lieder, Gebetsleitung, Input?
- ☐ Schlüssel für Gemeindehaus: ev.: Tiger/kath.: H. Seeger
- ☐ evtl. Predigtinhalt kopieren (für den JuGo zum nach Hause mitnehmen)
- ☐ Tageslichtprojektor?
- ☐ Folien machen / neue Lieder? (Rücksprache Ralf)
- ☐ Verantwortlicher am JuGo fürs Licht: falls nötig bei Tanz, Anspiel etc.
- ☐ Folienteam: mindestens einer
- ☐ Gebetsteam: mindestens 3 Leute, nicht immer die gleichen; (Gebetsbegleitung während des JuGo's)
- ☐ Tee/Getränke (Pfandflaschen!)/Kekse
- ☐ Empfangsteam (am Eingang die Besucher begrüßen): 2 Leute
- ☐ evtl. Begrüßungssnack (kleine Süßigkeit o.ä.) für jeden, der kommt (freut auf jeden Fall jeden und schafft eine willkommene Atmosphäre).
- ☐ Begrüßungsgeschenke: nicht nur Frommes, sondern Sachen, die die Leute freuen, z.B. Blumen, Überraschungseier, nette Karte etc.
- ☐ Büchertischverantwortlicher: Schlüssel zur Büchertischkasse am Schlüssel fürs ev. Gemeindehaus; evtl. Bücher zum Thema bei Martin besorgen.
- ☐ Kontaktteam: ca. 5 Leute, die beim JuGo sonst keine Aufgabe haben und auf jeden Fall dafür frei sind, auf neue oder einzelne Leute zuzugehen und Kontakt zu knüpfen; Ziel: nach dem JuGo Kontakt halten; keine Bekehrungsversuche!
- ☐ Vorschlag: Diese Leute auch die Begrüßungsgeschenke verteilen lassen, so daß schon erster Kontakt zu den neuen Leuten da ist und man leichter auf sie zugehen kann.

7. Fragen kostet nichts – jede Meinung unserer Besucher zählt

Die einen schimpfen über Fragebögen, weil sie angeblich nutzlos, zu verallgemeinernd, bzw. zu schwer oder gar nicht verständlich sind. Die anderen mögen sie und wollen nicht mehr darauf verzichten aufgrund der guten Erfahrungen, die sie damit gemacht haben. Diese guten Erfahrungen zu machen – dazu möchten wir Sie hier ermutigen. Es soll allerdings nicht verschwiegen werden, daß es bei uns im Mitarbeiterteam harte Diskussionen gab, bevor der erste Fragebogen »genehmigt« wurde.

Fragebögen sollten als Werkzeug gebraucht werden, um Voraussetzungen, Situationen und bereits durchgeführte Veranstaltungen zu analysieren. Mit den Ergebnissen (z.B. festgestellten Stärken und Schwächen und vorhandenen Fähigkeiten in einer Gemeinde) kann man dann gezielt neue Strategien und Ideen entwickeln und verwirklichen. Solche aus Fragebögen gewonnenen klaren Einsichten erleichtern also die Planung und tragen zu effektiverer Gemeindearbeit bei.

Im folgenden sind einige Fragebögen abgedruckt, die als Anhaltspunkt dienen können.

OASE-Fragebogen

Liebe OASE Besucher!
Uns interessiert Ihre Meinung, damit die OASE sich weiterhin entwickeln kann. Dürfen wir Sie deshalb darum bitten, sich ein paar Minuten Zeit zu nehmen. Herzlichen Dank.

1. Ich bin

☐ alleine gekommen ☐ mit meiner Familie und _____ Kindern

☐ mit meinem Partner ☐ mit Freunden

2. Ich komme aus

☐ Giengen

☐ Herbrechtingen

☐ Heidenheim

☐ außerhalb des Kreises

☐ ____________________

3. Ich bin ____ Jahre alt.

4. Wie bewerten Sie die einzelnen Elemente dieses Gottesdienstes?

Bewertung: 1 = sehr gut 3 = befriedigend 6 = ungenügend

Musik	1	2	3	4	5	6
Kreative Elemente (Tanz, Anspiel usw.)	1	2	3	4	5	6
Lebensbericht	1	2	3	4	5	6
Predigt / Referat	1	2	3	4	5	6
Kinder-OASE	1	2	3	4	5	6
Das ganze Drumherum, wie Empfang, Büchertisch usw.	1	2	3	4	5	6

5. Die Lieder spielen in der OASE eine wichtige Rolle:

☐ zuviel Lobpreislieder

☐ genau richtig

☐ weniger Lobpreislieder, dafür mehr Kirchenlieder

6. Die OASE besuche ich seit

☐ einigen Wochen ☐ ½ Jahr ☐ 1 Jahr ☐ mehreren Jahren

7. In meinem Heimatort besuche ich den Sonntagmorgengottesdienst

☐ regelmäßig ☐ ab und zu ☐ nie

8. Ich gehöre zur

☐ Evang. Kirche ☐ Katholischen Kirche ☐ Freikirche ☐ keiner

9. Die OASE besuche ich vor allem weil... *(sie können mehrere Kreuze machen)*

☐ ich hier nette Leute treffe ☐ mir die Atmosphäre gefällt

☐ es für unsere Kinder interessant ist ☐ mir die Referenten gefallen

☐ mir die geistlichen Impulse zusagen ☐ ich Hilfe für meinen Alltag bekomme

☐ mir die Uhrzeit liegt ☐ ______________________

9. Bitte sagen Sie uns doch in einem Satz, warum Sie in den OASE-Gottesdienst kommen, aber nicht in den „Sonntags-Lobpreis" um 19.30 Uhr an den dazwischenliegenden Sonntagen.

____

____

10. Ich bin interessiert an

☐ einem Hauskreis

☐ Einladung zu einem Grundkurs des Glaubens

☐ Einladung zu einem Seminar für Paare

Wenn Sie an einem konkreten Angebot interessiert sind, geben Sie Ihre Anschrift an, sonst bitte nicht:
Name: ______________________
Straße: ______________________
PLZ / Ort: ______________________
Telefon: ______________

11. Ich wünschte, die OASE wäre:

☐ wöchentlich ☐ 14tägig ☐ monatlich

12. Wenn die OASE eine Gemeinde wäre, würde ich gerne dazu gehören:

☐ Ja ☐ Nein, weil ______________________________

13. Außerdem würde ich mir wünschen, daß ______________________________

____

____

Bitte am OASE-Infotisch abgeben oder an folgende Anschrift schicken:
OASE c/o Karl-Heinz Müller, Zeppelinstraße 10, 89537 Giengen, Fax: 07322/ 91 93 63
Herzlichen Dank!

Ihre Meinung war gefragt - Auswertung der OASE-Umfrage

An den beiden OASE-Sonntagen im April haben wir die OASE-Besucher um ihre Meinung gefragt. Die beiden Sonntage zusammen genommen hatte die OASE 744 Besucher (⌀ 372). Insgesamt wurden 200 Fragebögen abgegeben. Dafür danken wir sehr herzlich. Es hilft uns, die OASE-Arbeit durchsichtiger zu machen und für die Zukunft besser planen zu können.

Woher kommen die Besucher?

Ort	Prozent	Personen
Giengen	37,0 %	138
Heidenheim	14,0 %	52
Herbrechtingen	11,0 %	41
Steinheim	5,5 %	21
Dettingen	4,5 %	17
Nattheim	3,0 %	11
Gerstetten	2,5 %	9
andere Orte im Kreis HDH	5,0 %	19

Weitere 17,5 % der Besucher kommen aus 23 verschiedenen Orten außerhalb vom Kreis HDH. Einer sogar aus London, auch wenn er wohl nicht extra für die OASE angereist ist.
Übrigens: Das Durchschnittsalter der OASE-Besucher (ohne Kinder) beträgt 35 Jahre

Mit wem kommen die Besucher?

allein	21 %
mit Familie	34 %
mit Partner	27 %
mit Freunden	26 %

Wie werden die einzelnen Elemente des Gottesdienstes bewertet?
(Schulnoten)

Musik	1,8
Kreativität	1,9
Lebensbericht	1,8
Predigt/Referat	2,0
Kinder-OASE	2,0
Das Drumherum	2,0

Die Frage nach den Liedern:

zuviel Lobpreislieder	10 %
gerade richtig	77 %
mehr Kirchenlieder	9 %

Die OASE wird besucht seit

einigen Wochen	9 %
½ Jahr	8 %
1 Jahr	15 %
mehreren Jahren	54 %

Der Sonntagmorgen-Gottesdienst wird wie oft besucht?:

regelmäßig	38 %
ab und zu	37 %
nie	22 %

Die Frage nach der Kirchenzugehörigkeit:

Evangelisch	78 %
Katholisch	16 %
Freikirche	3 %
keine	2 %

Wie oft soll die OASE sein?

wöchentlich	18 %
14tägig	65 %
monatlich	4 %

Wenn die OASE eine Gemeinde wäre, würde ich gerne dazu gehören:

Ja	43 %
Nein	34 %

Die OASE besuche ich weil,
(Mehrfachnennungen möglich)

mir die Atmosphäre gefällt	65 %
wegen geistlichen Impulsen	63 %
mir die Referenten gefallen	46 %
ich nette Leute treffe	41 %
mir die Uhrzeit liegt	41 %
Hilfe für Alltag bekomme	40 %
für die Kinder interessant	18 %

Liebe Gottesdienstbesucherinnen und Gottesdienstbesucher!

Wir möchten gerne erfahren, wie Sie unsere Gottesdienste erleben: was Ihnen wichtig ist; was Sie als gut empfinden; aber auch, was Sie stört. Damit wir ein möglichst breites Spektrum an Meinungen erhalten, stellen wir eine Reihe von Fragen an Sie, die Sie – natürlich freiwillig und, wenn Sie wollen, anonym – beantworten können. Selbstverständlich können Sie auch nur einen Teil der Fragen beantworten und andere Fragen offenlassen. Alle Interessierten bitten wir, diesen Fragebogen nach dem Gottesdienst auszufüllen und am Ausgang zurückzugeben oder mit nach Hause zu nehmen und an einem der nächsten Sonntage wieder mitzubringen bzw. während der Woche im Gemeindebüro abzugeben. Die gleiche Befragung wird in den Gottesdiensten am 02.04. und 23.04. durchgeführt.
Nach dem 23.04. wollen wir Ihre Antworten auswerten. Für uns wäre es gut und hilfreich, wenn möglichst alle Gottesdienstbesucherinnen und -besucher den Fragebogen ausgefüllt an uns zurückgeben.

Vielen Dank!

0. Zur Person

❍ weiblich ❍ männlich

Alter

❍ bis 10 Jahre ❍ bis 20 Jahre
❍ bis 30 Jahre ❍ bis 40 Jahre
❍ bis 50 Jahre ❍ bis 60 Jahre
❍ bis 70 Jahre ❍ bis 80 Jahre
❍ bis 90 Jahre ❍ älter als 90 Jahre

Beruf: --

Ich gehe ...

❍ regelmäßig
❍ ab und zu
❍ eher selten
... in den Gottesdienst
oder --

1. Ich gehe in den Gottesdienst ...

❍ aus guter Gewohnheit
❍ um Leute zu treffen
❍ um Gemeinschaft zu erleben
❍ mich in meinem Glauben stärken zu lassen
oder --

2. Folgende Teile des Gottesdienstes sind mir ...

	bes. wichtig	weniger wichtig
Begrüßung	❍	❍
Musik	❍	❍
Lieder	❍	❍
Liturgie	❍	❍
Predigt	❍	❍

Gebete	❍	❍
Segen	❍	❍
Abendmahl	❍	❍

oder --

→ **3. Ich finde die Atmosphäre im Gottesdienst ...**

❍ andächtig ❍ vertraut
❍ feierlich ❍ manchmal beklemmend
❍ steif ❍ beruhigend
❍ entspannt
oder --

→ **4. Die Musik/Lieder soll(en) ...**

❍ so bleiben wie bisher
❍ ab und zu moderner sein
❍ häufiger moderner sein
oder --

→ **5. Ich würde gern im Gottesdienst auch andere Instrumente neben der Orgel hören (z.B. Gitarre, Klavier etc.)**

❍ ja ❍ nein ❍ vielleicht

→ **6. Ich vermisse im bzw. nach dem Gottesdienst ...**

❍ Zeiten der Stille/Besinnung
❍ Predigtnachgespräch
oder --

→ **7. Mich stört im Gottesdienst (z.B. Unruhe durch Kleinkinder)**

→ **8. Ich wünsche mir mehr ...**

❍ Themengottesdienste
(z. B. Friedensgottesdienst, Eine Welt, zum Kriegsende 8. Mai, ...)

❍ Gottesdienste für Familien, Senioren, ...

oder --

→ **9. Den Zeitpunkt 10.00 Uhr am Sonntagmorgen finde ich ...**

❍ gut

Mir käme eher

❍ 10.30 Uhr

❍ 11.00 Uhr

oder -- entgegen.

→ **10. Das monatlich stattfindende Kirchcafe ...**

❍ finde ich gut

❍ finde ich überflüssig

❍ sollte häufiger stattfinden

oder --

→ **11. Ich könnte mir vorstellen, im Gottesdienst mitzumachen (z. B. Lesung, Gebete, Kirchcafe ...)**

Name: --

Adresse: ---

Tel.: --

→ **12. Ich wollte schon immer einmal zu unseren Gottesdiensten sagen:**

Fragebögen wie die hier vorgestellten sind hilfreiche Instrumente, um zu erfahren, was die Besucher von unserem Zweiten Programm halten. Aber wie stellen wir es eigentlich an, daß diese Menschen überhaupt zu unseren Gottesdiensten kommen?

Um an Außenstehende heranzukommen, braucht man ein gutes Marketing. Eine Vielzahl von Dingen ist dann notwendig, um diese Menschen eines Tages als Erstbesucher begrüßen zu können. Weitere Schritte sind erforderlich, will man sie zu Stammbesuchern machen oder gar als Mitarbeiter gewinnen.

Die verschiedenen Schritte, die hier in einer Übersicht dargestellt sind, werden in den folgenden Abschnitten näher betrachtet.

»Der Wettbewerb wird wirklich überall härter, was ?!«

OASE auf dem Markt - Umfrage

1. **Warum gehen Sie nicht zur Kirche?** (Den Gefragten einfach antworten lassen und die Gründe, die er angibt, einfach unten ankreuzen.)

Das Gebäude
ist zu kalt
zu unmodern/ nicht zeitgemäß
ungemütlich

____

____

Zeit
Sonntagmorgen ist ungünstig
Sonntagnachmittag um 17.30 ist ungünstig
Samstagabend ist ungünstig

____

____

Die Leute
sind zu alt, nur alte Frauen
sind alles Heuchler

____

____

Der Gottesdienst
Die wollen ja nur mein Geld
Da wird zu viel gelabert/gepredigt
hat keinen Bezug zu meinem alltägl. Leben
geht an den Sorgen der modernen Welt vorbei
Ich will mir nicht sagen lassen, wann ich stehen, sitzen oder reden soll.
Ich mag keine alten Lieder singen.
Der Musikstil ist zu altmodisch
Ich will / mag nicht selbst singen

____

____

____

____

Sonstiges
Wir sind noch nie zur Kirche gegangen
Ich habe keine Zeit
Das interessiert mich überhaupt nicht
Da muß ich ja gut, nett und fast perfekt sein.

____

____

____

2. **Wenn Sie einmal zur Kirche gehen möchten, welche Zeit paßt Ihnen da am besten?**

Samstagabend	um 18.30 Uhr
Sonntagmorgen	um 10.00 Uhr
Sonntagnachmittag	um17.30 Uhr
Sonntagabend	um 20.00 Uhr

____

____

3. **Gibt es Themen, die Sie besonders ansprechen? Welche?**
(z.B. Stress, Einsamkeit, Gesundheit, Leid . . .)

____

____

____

4. **Wie alt war die befragte Person (einfach schätzen)**

☐ 15-24 ☐ 25-34 ☐ 34-44 ☐ 45-54 ☐ älter als 55

5. **Geschlecht?**

☐ männlich ☐ weiblich

8. Vom »Mitglied der Landeskirche« zum »Wissensinteressenten« durch allgemeine Werbung

Qualität der Adressen		verschiedene Karteien	to do's	
EDV-Ausdrucke über Kirchenpflege erhältlich	1	Mitglieder der Landeskirche	**werden durch**	allgemeine Werbung (einprägsames Logo, Presse, Plakate etc.)
Kalte Adressen			**zu**	
	2	Wissens-interessenten	**werden durch**	Hinweis auf Highlights wie Konzerte, Malwettbewerb etc.
Warme Adressen			**zu**	
	3	Besuchs-interessenten	**werden durch**	persönliche Einladung unterstützt durch gut gestaltete Handzettel
Heiße Adressen			**zu**	
	4	Erst-besucher	**werden durch**	„Besucherinfos" und ein erstklassiges Programm, das sich an Außenstehenden orientiert, Gutschein für Audiokassette, Begrüßungsbrief etc.
			zu	
	5	Stamm-besucher	**werden durch**	Rundbrief, Grundkurs des Glaubens, persönliche Ansprache
			zu	
	6	potentielle Mitarbeiter	**werden durch**	D.I.E.N.S.T.
			zu	
Mitarbeiter-Kartei	7	aktive Mitarbeiter		

Wir alle wissen, wie Werbung funktioniert. Ob Tiger im Tank oder lila Kuh – wir verbinden mit diesen Werbeträgern ein bestimmtes Produkt, eine bestimmte Qualität. Schon Kinder stellen diese Verbindung her. – Um sich einen Wiedererkennungswert bei Ihrer Zielgruppe zu verschaffen, brauchen Sie einen guten Namen, der sich einprägt, möglichst in Verbindung mit einem »Logo«.

Das anfängliche »OASE – kenn ich nicht« sollte sich rasch verwandeln in: »OASE – gute Qualität – das interessiert mich«.

»Was tut er da bloß rein, daß das immer so lasch schmeckt?«

Je schneller sich Ihr Name und Ihr Logo bei der Zielgruppe einprägen, um so rascher steigt Ihr Bekanntheitsgrad. Sie werden zum Gesprächsthema. Einmal in Gang gekommen, funktioniert die Werbung nach dem Schneeballsystem. Aber denken Sie daran: Nicht nur Sie bemühen sich um die Gunst Ihrer Zielgruppe – die Konkurrenz ist groß.

Auf dem Infotisch der OASE liegen Plakate, die von jedem Besucher mitgenommen werden können. Wir haben zusätzlich besondere Plakate angefertigt, die einen Schlitz zum Einstecken der Handzettel haben. Diese Plakate eignen sich besonders gut zum Aufhängen in Geschäften oder Arztpraxen.

Ein solches Logo entwickeln zu lassen, kostet einige tausende Mark. Dieses Geld ist jedoch gut angelegt, denn der verwöhnte »Kunde« sieht sofort, ob ein Amateur oder ein Profi dieses Logo gemacht hat.

Das einheitliche Erscheinungsbild sollte sich dann auf jedem Briefbogen, jedem Prospekt und jedem Werbemittel befinden. Ob Türschilder, T-Shirts, Streichholzschachteln, Luftballons oder Mouse-Pads für Computer-Freaks – Ihrer Phantasie sind dabei keine Grenzen gesetzt. Das Logo kann man übrigens bei einem Patentanwalt für ca. 4000 bis 5000 Mark rechtlich schützen lassen. Dann erhält es – wie das OASE-Logo – ein ®. Damit ist gewährleistet, daß dieses Logo nur mit Ihrem Einverständnis verwendet werden kann.

Das nachfolgende Blatt zeigt einen sog. »Schneidebogen«. Das Logo ist in verschiedenen Größen abgebildet. Man braucht diesen Bogen also nur noch zu kopieren und eine Schere zu nehmen, um auf Infobriefen, Faxformularen oder wo auch immer schnell das Logo anzubringen.

Jeder Gottesdienst wird von uns im Regionalteil der lokalen Presse angekündigt. Einmal im Jahr arrangieren wir ein Pressegespräch, d.h. die Redakteure werden eingeladen und mit den neuesten Informationen verrsorgt. Über jede größere Veranstaltung gibt es einen ausführlichen Bericht. Mit all diesen Maßnahmen werden wir in der Stadt bekannt und machen aus ganz »normalen« Mitgliedern der Landeskirche sog. »Wissensinteressenten«, also Menschen, die wissen, was die OASE ist und wofür sie steht.

OASE
GOTTESDIENST
ANDERS

OASE
GOTTESDIENST
ANDERS
GÖNNEN
SIE SICH EINEN
SCHÖNEN
SONNTAG
NACHMITTAG

OASE

JESUS
IST MEIN
BESTER
FREUND
OASE

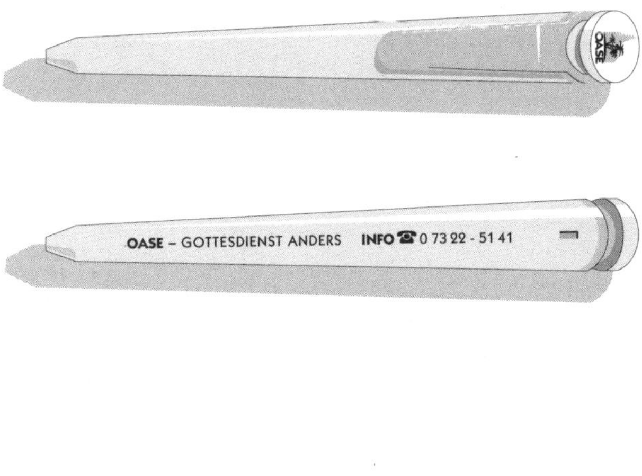
OASE – GOTTESDIENST ANDERS INFO ☎ 0 73 22 - 51 41

SCHNEIDEBOGEN LOGO „OASE" GIENGEN, DESIGN: WOLFRAM HEIDENREICH

Andrang bei "Oase" im Gemeindezentrum

Für viele gab es nur noch Stehplätze

Bemerkenswertes Resümee gezogen

GIENGEN (eb). Vor einem Jahr entstand die einfache Idee, eine Alternative zum „normalen" Gottesdienst zu bilden – die „Oase". Dieser Gottesdienst findet je... regelmäßig im evangelischen Gemeindezentrum in der Sch... glaub... n nicht einmal die größten Optimis... ich inzwischen eingestellt hat.

Mit einer stadtweiten Plakataktion unter dem Motto „Gönnen Sie sich einen schönen Sonntagnachmittag!" wurde vor einem Jahr zur Erstveranstaltung eingeladen. Auf Anhieb fanden sich bereits 150 Personen zur Premiere ein. Die Begeisterung wuchs weiter und auch die Besucherzahlen. Bald gab es bei den meisten Veranstaltungen nur noch Stehplätze. So kam es vor wenigen Wochen zu einer bemerkenswerten Änderung: Es wurde ein Abendgottesdienst eingeführt ... sogenannte ...

für ... desl ... wu ... zig ... Au ... au ... go ... de ... ve ... s ... n ... r

der „Oase" die Bühne. Conni und Daggi, zwei Jongleure aus Pforzheim, zeigten, daß sie ihr Handwerk beherrschen. Sie wirbelten mit den Bällen und erzählten dazu ... aus ihrem Leben. ... Karl-Heinz

Luftballons flogen

Erlös von „Ein Jahr Oase" geht nach Südfrankre...

GIENGEN (fb). Vor einem Jahr entstand die einfac... Idee, eine Alternative zum „normalen" Gottesdienst... bilden – die „Oase". Dieser Gottesdienst findet jetzt reg... mäßig im Giengener Gemeindezentrum statt. Dama... glaubten nicht einmal die größten Optimisten an den E... folg, wie er sich inzwischen eingestellt hat.

Mit einer stadtweite... unter dem M... eine... ...staktion ... Sie sich ...achmit... ...r zur ... Auf ... Per... ...egei... die ... bei ... nur ... ve... ...s... in ... e

Platzen aus allen Nähten: Die Räume für die Gottesdienste der Oase.

einer Dia-Show noch einmal z... rück.

Dr. Hermann Stegmaier, ein Man... der ersten Stunde, hatte speziel... für diese Veranstaltung ein Gedich... verfaßt. Anschließend stürmten über 50 Kinder zur „Kinder-Oase" die Bühne. Conni und Daggi, zwei Jongleure aus Pforzheim, zeigten dann, daß sie ihr Handwerk beherrschen. Sie wirbelten mit ihren Bällen und erzählten die eine oder andere Geschichte aus ihrem Leben dazu. Nach Worten von Karl-Heinz Müller, einer der Hauptorganisatoren und Verantwortlichen der „Oase", gab es die Möglichkeit, Gebetsanliegen auf Zettel zu schreiben und an verschiedene Pinwände anzustecken. Dann ging es von den festlich geschmückten Räumen ...inaus ins Freie. Dort wurde man ...m großen Kuchenbüffet vom ...angelischen Posaunenchor aus ...engen unterhalten. Als Ausklang ... Feier erfolgte ein Luftballon...t, bei dem die Teilnehmer, ...atsächlich Kinder, einen Zettel ... ihrem Namen und einer Be...ibung des Anlasses an einem ... befestigten und ihn dann ... ließen. Die am weitesten ge...n Ballone werden prämiert. ...lös der Veranstaltung geht ... Berly, der unter den Arm... ...üdfrankreich arbeitet.

Oase: Jetzt zwei Gottesdienste

GIENGEN. Kurz vor dem einjährigen Bestehen platzt die Oase aus allen Nähten. Der alle 14 Tage um 17.30 Uhr im Gemeindezentrum stattfindende Gottesdienst kann die Menschen nicht mehr fassen. Bei der letzten Oase-Veranstaltung standen die Besucher draußen im Foyer, ohne etwas zu sehen. Die Oase-Leitung hat sich nun entschlossen, zwei Veranstaltungen hintereinander durchzuführen. Um 17.30 Uhr findet wie gewohnt die Oase-Veranstaltung mit der attraktiven „Kinder-Oase" statt. Um 20 Uhr findet dann der Oase-Gottesdienst ohne Kinderprogramm statt. Also ein Angebot für Singles bzw. Eltern, wo die Kinder schon aus dem Haus sind. Es soll auch ein Angebot sein für Besucher, die es gerne etwas ruhiger hätten. Wie eine Umfrage ergeben hat, bevorzugen auch einige Besucher einen späteren Termin. Dem kommt die Veranstaltung um 20 Uhr entgegen. Am morgigen Sonntag wird zum ersten Mal um 17.30 Uhr und um 20 Uhr ins Gemeindezentrum eingeladen. Der Giengener Unternehmer Dr. Jörg Knoblauch spricht zum Thema „Es gibt ein Leben vor dem Tod". In 14 Tagen, am 8. Mai, wird der Muttertag gefeiert. Referent ist dann der Heidenheimer Krankenhauspfarrer Thomas Völklein. 14 Tage später, an Pfingsten, feiert die Oase unter dem Motto „Happy Birthday" ihr einjähriges Bestehen. Zusätzlich zum attraktiven Oase-Programm am Sonntag nachmittag bzw. abend werden während der Woche Vertiefungsabende angeboten. Ein weiterer Glaubenskurs ist in Vorbereitung.

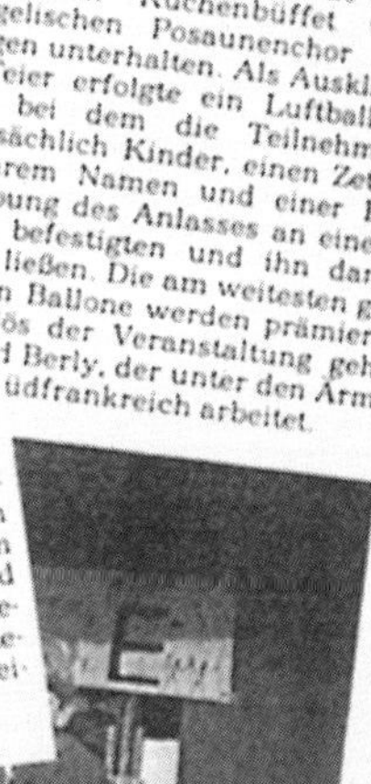

„Die Zeit war einfach reif für OASE"

Gottesdienst in neuer Form feiern – in Giengen endet jetzt das erste halbe Jahr einer Christeninitiative

GIENGEN. „Kirche muß nicht immer was Verknöchertes, Staubtrockenes sein, sondern kann wie ein Pfeil ins Schwarze genau die Themen treffen, die junge Menschen tagtäglich beschäftigen." In Giengen steckt hinter dieser Aussage eine gehörige Portion Kritik an der traditionellen evangelischen Kirchengemeinde. Einige Gemeindemitglieder versuchen, mit einem zusätzlichen Angebot neue Glaubensformen zu finden. Seit einem halben Jahr gibt's alle zwei Wochen im Gemeindezentrum die „Oase"-Gottesdienste – übermorgen wird der let[...] 1993 stattfinden. Eine Bilanz erschein[...] desweit in einer religiösen [...] gespräch haben [...]

Registriertes Warenzeichen: Ein Jahr lang „Oase"-Treffen

An Pfingsten feiert das besondere Familiengottesdienstangebot Jubiläum

GIENGEN (gk). Am kommenden Pfingstsonntag feiert Oase ihren ersten Geburtstag. Mit von der Partie sind Conni und Diggi, zwei Jongleure aus der Goldschmiedestadt Pforzheim, die nicht nur jonglieren, sondern darüberhinaus auch aktuelle Lebensfragen ansprechen. Im Anschluß an den beliebten „Oase-Gottesdienst" geht es dann mit dem Programm im Freien weiter.

Junge Familien gehören zur Hauptzielgruppe der Oase-Veranstaltung in Giengen. Jetzt gibt es sie schon ein ganzes Jahr lang.

Dort erwartet die Besucher ein großes Kuchenbufett. Ein Luftballonstart, nicht nur für die Kinder, ist arrangiert und es spielt der Posaunenchor.

Das Ganze findet wie gewohnt im evangelischen G[...]meindezentrum statt. Als die Oa[se] vor einem Jahr unter dem Mot[to] „Gönnen Sie sich einen schön[en] Sonntag nachmittag" begonn[en] hatte, war noch manches impr[ovi]siert. Trotzdem kamen auf Anh[ieb] zirka 150 Besucher. Mittlerweil[e] die traditionelle 17.30-Uhr-Ve[ran]staltung so überfüllt, daß um [...] Uhr jeweils eine Wiederholun[g] gebo[ten] wird. Insgesamt kom[men] zu den beiden Veranstaltun[gen] mittlerweile 250 bis 300 Besu[cher]. Die „Kinder-Oase" läuft jedoc[h] parallel zur ersten Veransta[ltung]. Die Oase zieht mittlerweile [...]

Kirchlicher Kreis Oase expandiert

Zusätzliches Angebot

GIENGEN (jk). Kurz vor dem einjährigen Bestehen platzt der kirchliche Kreis „Oase" aus allen Nähten. Der alle 14 Tage um 17.30 Uhr im evangelischen Gemeindezentrum stattfindende Gottesdienst kann die Menschen nicht mehr fassen. Bei der letzten Oase-Veranstaltung standen die Besucher bis ins Foyer, ohne etwas zu sehen.

Die Leitung hat sich nun entschlossen, zwei ähnliche Veranstaltungen hintereinander durchzuführen. Um 17.30 Uhr findet wie gewohnt die Oase-Veranstaltung mit dem attraktiven Kinderprogramm statt. Um 20 Uhr folgt dann ein Gottesdienst ohne Kinderbetre[u]ung. Also ein Angebot für Singl[es] und Eltern, deren Kinder scho[n] aus dem Haus sind. Es soll auc[h] ein Angebot sein an Besucher, d[ie] es gerne etwas ruhiger haben.

Am morgigen Sonntag wird zu[m] ersten Mal um 17.30 und um [...] Uhr ins Gemeindezentrum einge[laden]. Der Giengener Unternehm[er] Dr. Jörg Knoblauch spricht zu[m] Thema „Es gibt ein Leben vor d[em] Tod". In 14 Tagen wird der Mutt[er]tag gefeiert. Referent ist dann [der] Heidenheimer Krankenhausp[far]rer Thomas Völklein. An Pfings[ten] feiert man unter dem M[otto] „Happy Birthday" einjähriges [Be]stehen. Zusätzlich zum attrakti[ven] Programm an Sonntagen wer[den] während der Woche Vertiefu[ngs]abende angeboten. Ein weit[erer] Glaubenskurs ist in Vorbereitu[ng].

9. Vom »Wissensinteressenten« zum »Besuchsinteressenten« durch besondere Aktionen

Als »OASE – Gottesdienst anders« planen wir im Jahr zwei bis drei »Highlights« ein. Dafür wird dann verstärkt plakatiert und geworben. 1996 waren diese Highlights der zweite OASE-Geburtstag mit Daniel Kallauch (»Hurra für Jesus«). Kurze Zeit später fand dann ein stadtweit ausgeschriebener Wettbewerb statt, »Kinder malen die OASE – Gottesdienst anders«. Die Zeichnungen wurden in einer örtlichen Bank ausgestellt. Es gab eine Vernissage, bei der stadtbekannte Persönlichkeiten ein Grußwort sprachen – und die Presse war immer mit dabei.

»Ein Supererfolg, dieser „Sondergottesdienst ohne Männer" – aber hoffentlich kommt uns keine auf die Schliche ...«

Wer in der Stadt wohnt, weiß um die OASE durch die allgemeine Werbung und das einprägsame Logo. Deshalb nennen wir ihn einen »Wissensinteressenten«. Durch die Hinweise auf Highlights, z.B. Konzerte oder Malwettbewerbe, fangen Menschen an, sich für einen Besuch bei uns zu interessieren. Sie werden zu »Besuchsinteressenten«.

Luftballonwettbewerb!

Hallo! – Lieber Finder dieser Karte,

in Giengen an der Brenz gibt es seit zwei Jahren im Evangelischen Gemeindezentrum eine OASE – Gottesdienst anders! Wir haben das zum Anlaß genommen, um ein Fest zu feiern. Ein Teil dieses Festes ist dieser Luftballonwettbewerb. Es wäre sehr lieb von Ihnen, wenn Sie diese Karte mit Ihrem Absender zurückschicken. Und wenn Sie möchten, sind Sie herzlich eingeladen in den OASE–Gottesdienst zu kommen. Auch Kinder sind dort herzlich willkommen. Der nächste OASE–Gottesdienst ist am 18.6.95 und immer alle 14 Tage um 17.30 Uhr und um 20.00 Uhr(ohne Kinder).

Mit freundlichen Grüßen *Ihr OASE – Team*

ABSENDER:

Name:____________________

Straße:____________________

Ort:____________________

____

FINDER:

Name:____________________

Straße:____________________

Ort:____________________

____

DM
0.80
Danke!

An

OASE – Gottesdienst anders

z.Hd. Karl – Heinz Müller

Zeppelinstr.10

89537 Giengen

10. Vom »Besuchsinteressenten« zum »Erstbesucher« durch persönliche Einladung

Von allein schaffen es die wenigsten, eine solche Veranstaltung zu besuchen. Der erste Besuch hängt wesentlich damit zusammen, daß jemand aus dem Bekanntenkreis eine persönliche Einladung ausspricht. Unser Angebot an die Gottesdienstbesucher ist: »Ihr geht und bringt Eure Freunde und Bekannten mit. Wir als Mitarbeiter versprechen Euch, eine Veranstaltung zu machen, für die Ihr Euch auch bei einem kritischen Freund keine Minute entschuldigen müßt.«

Leider ist es so, daß viele Christen nicht besonders gut über ihren Glauben sprechen, geschweige denn jemand zu Jesus führen können. Sie können aber andere ansprechen und sie fragen, ob sie am Sonntag mit zur OASE gehen. Gut gestaltete Handzettel und interessante Themen sollen die Einladenden dabei unterstützen.

GÖNNEN SIE SICH EINEN SCHÖNEN SONNTAG NACHMITTAG!

PROGRAMM
Mai – Sept.
1996

OASE®

GOTTESDIENST
ANDERS

**17.30 UHR BIS 19.00 UHR
MIT NONSTOP
KINDER-OASE**

20 UHR ABEND-OASE

SONNTAG, 12. Mai 1996

Sorgen – ein unbezahlbarer Luxus
Theo Ehemann, Pastor, Görwihl

PFINGSTEN, 26. Mai 1996

Einer, der uns ganz versteht
Thomas Völklein, Krankenhausseelsorger
– keine Abend-OASE –

SONNTAG, 9. Juni 1996

Aus der Balance?
Jakobus Richter, „Mühlrad", Eselsburg

SONNTAG, 23. Juni 1996

Ich bin ganz Ohr!
Doris und Karl-Heinz Müller, Diakone

SONNTAG, 7. Juli 1996

Nimm Dir das Leben!
Hans Wiedenmann,
Sozialtherapeut, Königswinter

SONNTAG, 21. Juli 1996

Endstation Sehnsucht
Hermann Brender, Schuheinzelhändler

SONNTAG, 15. September 1996

(1. Veranstaltung nach der Sommerpause)
**Arbeiten, um zu leben –
leben, um zu arbeiten?**
Dr. Helmut Hapke, Internist

AN DEN SONNTAGEN DAZWISCHEN:

jeweils 19.30 Uhr im Gemeindezentrum
**LOBPREISABEND
SINGEN, BETEN, STAUNEN**

WEITERE INFORMATIONEN:

Hermann Brender, Marktstr. 54, 89537 Giengen, Tel. 0 73 22 / 88 88
Dr. Helmut Hapke, Zugspitzweg 9, 89537 Giengen, Tel. 0 73 22 / 37 79
Pfr. Friedrich Hartmann, Tanzlaube 1, 89537 Giengen, Tel. 0 73 22 / 73 52
Dr. Jörg Knoblauch, Haehnlestr. 24, 89537 Giengen, Tel. 0 73 22 / 950-110
Karl-Heinz Müller, Zeppelinstr. 10, 89537 Giengen, Tel. 0 73 22 / 51 41
Jakobus Richter, Talstr. 23, 89542 Herbrechtingen, Tel. 0 73 24 / 4 11 99
Thomas Völklein, Schloßstr. 93, 89518 Heidenheim, Tel. 0 73 21 / 94 96 17

EV. GEMEINDEZENTRUM–GIENGEN

Eine Initiative
von Christen in der Evangelischen Kirchengemeinde Giengen

17.30 BIS 19.00 UND 20.00 UHR

SONNTAG, 20. NOVEMBER 1994

Hauptsache: Gesund?
Thomas Völklein, Krankenhauspfarrer

SONNTAG, 4. DEZEMBER 1994

Den Kindern gehört die Zukunft
Karl-Heinz Müller, Diakon

SONNTAG, 18. DEZEMBER 1994

In der Familie fängt das Leben an
Friedrich und Hanne Hartmann, Pfarrer

AN DEN SONNTAGEN DAZWISCHEN:

jeweils 19.30 im Gemeindezentrum
LOBPREISABEND
SINGEN, BETEN, STAUNEN

17.30 UHR BIS 19.00 UHR
KINDER-OASE

Basteln, Spielen, Singen. Ein buntes und vielseitiges Programm. Schließlich ist jeder von uns ein Volltreffer. Einzigartig in Art und Farbe am Horizont Gottes.

D'SCHNECKLA

unter 3 Jahre
Krabbelgruppe ohne Betreuung im Kaminzimmer. Die Eltern können den Gottesdienst über Video miterleben.

GLÜHWÜRMCHEN

3 bis 4 Jahre

D'FISCHLA

5 bis 7 Jahre

VOLLTREFFER

8 bis 9 Jahre

FEUERWERK

ab 10 Jahre

OASE-Werbung auf Russisch, um Spät-Aussiedler über das OASE-Angebot zu informieren.

11. Vom »Erstbesucher« zum »Stammbesucher« durch Infos und erstklassiges Programm

Erstbesucher erhalten von uns »Besucherinfos«. Dort erfahren sie alles über die Veranstaltung und den Veranstalter. Das Programm ist so gestaltet, daß sich auch jemand, der nicht mit frommen Veranstaltungen vertraut ist, wohlfühlen kann. Aus den USA stammt die Unterscheidung von »seeker-oriented« (die Veranstaltung ist ausschließlich auf Außenstehende ausgerichtet) und »seeker- sensitive« (die Veranstaltung ist so, daß Außenstehende sich durchaus wohlfühlen). Mit diesem Maßstab gemessen, ist die OASE-Arbeit zwar »seeker-sensitive«, jedoch nicht »seeker-oriented«. Ganz Außenstehende werden es also doch nicht so ganz leicht haben.

»Mit Lied 433 grüßt der Thommi aus Puchheim die Uschi, die Giesi und alle, die ihn kennen...«

An jedem OASE-Sonntag haben wir durchschnittlich etwa 20 Erstbesucher. Wer die Karte »Mein Kommentar« ausfüllt, erhält dafür als Belohnung eine Audiokassette. Audiokassetten sind eine hervorragend geeignete und relativ billige Form, den Besuchern das Gehörte mitzugeben.

Entscheidend ist, daß die Kassetten sofort im Anschluß an den Gottesdienst zur Verfügung stehen. Die Erfahrung zeigt, daß bei sofortigem Angebot das zwei- bis dreifache verkauft werden kann. Wir haben außerdem Kassetten älteren Datums. Diese können mit einem Bestellformular jederzeit nachbestellt werden. Übrigens: Man kann auch die Bibel auf Kassette gesprochen kaufen (z.B. bei tempus, 89529 Giengen).

»Nö, keine Rockmusik. Ich hör mir Ihre Predigt vom letzten Sonntag an.«

Auf der nächsten Seite finden Sie eine Vorlage der OASE, mit der die Kassetten bestellt werden können. Außerdem werden einige Materialien der OASE vorgestellt, die unsere Erstbesucher zur Information erhalten.

Kassetten - OASE-Gottesdienst anders

(Predigt - 7,-- DM je Kassette)

❐	17.09.95	Es geht nichts über Vorurteile	Pfarrer Klaus Eickhoff
❐	01.10.95	Drei für das ganze Leben	R. Bernhard, I. Golze, M. Krüger
❐	15.10.95	Ausgebrannt?	Dr. Helmut Hapke
❐	29.10.95	Wenn der andere anders wär' ...	Diakon Karl-Heinz Müller
❐	12.11.95	Gott sei Dank!	Jakobus Richter
❐	26.11.95	Leid: Geprüft?	Pfarrer Friedrich Hartmann
❐	10.12.95	... und wo bleibt mein Image?	Studienleiter Manfred Bletgen
❐	21.01.96	Ziel gewußt - Zielbewußt!	Diakon Karl-Heinz Müller
❐	04.02.96	Outfit und innen?	Dr. Helmut Hapke
❐	18.02.96	Total verrückt!	Pfarrer Jürgen Kroll
❐	03.03.96	Coco Chanel und andere himmlische Düfte	Pfarrer Klaus Vollmer
❐	17.03.96	Glauben heißt: Deine Sorgen Gott zu überlassen	Pfarrer Friedrich Hartmann
❐	31.03.96	Durchkreuzte Lebenslinien	Pfarrer Thomas Völklein
❐	14.04.96	Befreiende Wahrheit	Jakobus Richter
❐	28.04.96	Runderneuert?	Hermann Brender
❐	12.05.96	Sorgen - ein unbezahlbarer Luxus	Pastor Theo Ehemann
❐	26.05.96	Einer, der uns ganz versteht	Pfarrer Thomas Völklein
❐	09.06.96	Aus der Balance?	Jakobus Richter
❐	23.06.96	Ich bin ganz Ohr!	Diakone Doris u. Karl-Heinz Müller
❐	07.07.96	Nimm Dir das Leben!	Hans Wiedenmann
❐	21.07.96	Endstation Sehnsucht	Hermann Brender
❐	15.09.96	Arbeiten, um zu leben - leben, um zu arbeiten?	Dr. Helmut Hapke

<u>Kassetten auch im Abonnement erhältlich</u>

Wenn jemand nicht in der Lage ist, zu den OASE-Gottesdiensten zu kommen, dann gibt es die Moglichkeit, die Predigten auf Kassette - im Abo - zu beziehen.

❐ Hiermit bestelle ich die Kassetten im Abo

<u>Absender:</u>

____

____

____

Kann im Fensterbriefumschlag verschickt werden oder per Fax - Nr. 0 73 22 / 95 02 57

Dr. Jörg Knoblauch
Haehnlestraße 24

89537 Giengen

OASE®
GOTTESDIENST
ANDERS

Frau
Sabine Mustermann
Eichenweg 29

40001 Düsseldorf

Kontaktadresse:
Diakon Karl-Heinz Müller
Zeppelinstraße 10
89537 Giengen
Tel. 0 73 22 / 51 41, Fax 2 45 42

Leitungskreis:
Hermann Brender
Marktstraße 54
89537 Giengen
Tel. 0 73 22 / 88 88, Fax 2 27 55
Dr. Helmut Hapke
Zugspitzweg 9
89537 Giengen
Tel. 0 73 22 / 37 79, Fax 1 46 38
Pfarrer Friedrich Hartmann
Tanzlaube 1
89537 Giengen
Tel. 0 73 22 / 73 52, Fax 2 12 01
Dr. Jörg Knoblauch
Haehnlestraße 24
89537 Giengen
Tel. 0 73 22 / 9 50-1 10
Fax 0 73 22 / 9 50-1 57
Diakon Karl-Heinz Müller
Zeppelinstraße 10
89537 Giengen
Tel. 0 73 22 / 51 41, Fax 2 45 42
Jakobus Richter
Talstraße 23
89542 Herbrechtingen-Eselsburg
Tel. 0 73 24 / 4 11 99
Fax 0 73 24 / 98 10 45
Pfarrer Thomas Völklein
Schloßstraße 93
89518 Heidenheim
Tel. 0 73 21 / 94 96 17

Liebe Frau Mustermann,

am vergangenen Wochenende konnten wir Sie als unseren Gast in der OASE willkommen heißen. Wir hoffen, daß Sie sich bei uns wohlgefühlt haben und Sie noch gerne an diesen Sonntagnachmittag zurückdenken. Es ist uns ein Anliegen, daß Sie von diesem Gottesdienst gestärkt und ermutigt nach Hause gehen können.

Nicht alles in unserem Gottesdienst ist jedem gleichermaßen vertraut. Deshalb nennen wir ihn auch "OASE - Gottesdienst anders". Vielleicht haben Sie an diesem Nachmittag manches Neue erlebt. Wir möchten Ihnen Mut machen, wieder einmal vorbeizukommen, dann wird Ihre Vertrautheit mit dieser Gottesdienstform wachsen.

Die OASE-Gottesdienste finden alle 14 Tage statt. Um 17.30 Uhr mit dem Schwerpunkt für Familien. Hier werden die Kinder auch von der Kinder-OASE erwartet. Die Abend-OASE um 20.00 Uhr wird gerne von Singles und Erwachsenen aller Altersgruppen besucht. Der nächste Termin für beide Veranstaltungen ist Sonntag, der 09. Juni 1996.

Wir freuen uns auf Ihren nächsten Besuch im OASE-Gottesdienst.

Mit freundlichen Grüßen

Karl-Heinz Müller, Diakon
-OASE-Leitung-

Unser Konto:
Evang. Kirchenpflege
Jugendkonto
(BLZ 632 500 30), Nr. 115 65 99
Verwendungszweck:
OASE-Gottesdienst

GRATIS GUTSCHEIN
1 Referat auf Kassette
Einfach den Coupon ausgefüllt am Büchertisch abgeben, und Sie erhalten eine Predigtkassette Ihrer Wahl.

Mein Kommentar

Wir hoffen, dieser Gottesdienst hat Ihnen gefallen. Gerne stehen wir Ihnen für alle Fragen zur Verfügung. Füllen Sie einfach diesen Coupon aus und geben Sie ihn am Büchertisch ab.

Dieser Gottesdienst hat mir gefallen
❑ sehr gut ❑ gut ❑ weniger gut

Am meisten hat mir gefallen
❑ Referat ❑ Musik ❑ Atmosphäre

❑ ____________

Am wenigsten hat mir gefallen
❑ Referat ❑ Musik ❑ Atmosphäre

❑ ____________

❑ Ich werde wiederkommen
❑ Ich werde nicht wiederkommen
❑ Ich werde den Gottesdienst weiterempfehlen und andere einladen
❑ Einen solchen Gottesdienst hätte ich gerne auch in meiner Gemeinde
❑ Mein Kommentar

____

____

bitte wenden

❑ Ich möchte mehr über das Christsein wissen und interessiere mich für einen Glaubenskurs.

❑ Ich bin bereits Christ und möchte im Glauben weiter wachsen z.B. in einem Gesprächskreis.

❑ Ich würde gerne über die anderen Angebote der OASE informiert werden.

❑ Senden Sie mir bitte den OASE-Rundbrief zu.

❑ Bitte beten Sie für mich und zwar für folgendes Anliegen:

____

____

❑ Über folgenden Punkt möchte ich mich gerne mit Ihnen unterhalten:

____

____

❑ Bitte rufen Sie mich an, damit wir uns zu einem Gespräch treffen können.

Name: ____________
Straße: ____________
Wohnort: ____________
Alter: ____________
Tel. privat: ____________
Tel. dienstl.: ____________

Alle Ihre Äußerungen und Bemerkungen können Sie machen, ohne Ihre Adresse anzugeben.

INFO-INFO-INFO-INFO-INFO-INFO

Für Eltern von **Säuglingen und „Krabbelkindern“** wird eine Videoübertragung im Kaminzimmer angeboten (Spielzeug vorhanden).
So können alle ungestört dem Referat zuhören.

Das Referat auf Kassette zum Mitnehmen erhalten Sie am Büchertisch direkt nach dem Gottesdienst für 7.- DM.

Zwischen den OASE-Sonntagen findet um 19.30 Uhr auch im Gemeindezentrum der Lobpreisabend statt.
Singen, Beten, Staunen

Seelsorge: Sollte der Abend bei Ihnen Fragen aufgeworfen haben, oder wünschen Sie sich einfach eine persönliche Aussprache, so sprechen Sie ruhig eine(n) Mitarbeiter(in) an - wir nehmen uns gerne Zeit für Sie oder vereinbaren einen Gesprächstermin.

Wenn Sie den traditionellen Sonntagsgottesdienst besuchen möchten, er findet in Giengen statt um
9.00 Uhr in der Dreieinigkeitskirche (Südstadt)
10.00 Uhr in der Stadtkirche

Singen in der OASE
Ein paar Anmerkungen aus der Bibel

Warum ...
... stehen manche beim Singen?
„Danach **erhoben sich** die Leviten der Sippe Korach, die zu den Nachkommen Kehats gehören, und priesen den Herrn, den Gott Israels, mit machtvollem Gesang.“
2. Chronik 20,19

... heben manche die Hände?
„Mein Leben lang will ich dir danken und dir meine **Hände** im Gebet **entgegenstrecken**.“
Psalm 63,5

„Streckt eure Hände aus zum Heiligtum und dankt dem Herrn!“
Psalm 134,2

„Ich will, daß überall in den Gottesdiensten die Männer das Gebet sprechen. **Die Hände, die sie beim Beten erheben**, sollen rein, und ihre Herzen sollen frei sein von Schuld, ohne Zorn oder Streitsucht.“
1. Timotheus 2,8

... klatschen manche hin und wieder in die Hände?
„Ihr Völker alle, **klatscht in die Hände,** begrüßt unseren Gott mit Freudengeschrei!“
Psalm 47,2

Herzlich willkommen in der OASE und in der Kinder-OASE

OASE®
GOTTESDIENST
ANDERS

14tägig 17.30 - 19.00 Uhr
Mit NONSTOP KINDER-OASE
20.00 Uhr ABEND-OASE

Eine Initiative von Christen in der Evangelischen Kirchengemeinde Giengen

Liebe Besucher,

wir freuen uns, Sie heute zum erstenmal bei uns im Gottesdienst begrüßen zu können.

Vielleicht wundern Sie sich über dieses Begrüßungspaket. Es soll zu Ihrer und unserer Information dienen. Wir wollen uns gerne optimal auf unser „Publikum" einstellen, um den persönlichen Bedürfnissen und Fragen zu begegnen.

Ob Sie allein, mit Freunden oder mit der ganzen Familie gekommen sind – uns liegt daran, daß Sie sich in der OASE wohlfühlen.

Manches mag beim OASE-Gottesdienst für Sie neu und ungewohnt sein – die Musik und die Lieder, kreative Elemente und die Art der Ansprache: Das ganze „Programm", das angeboten wird.

Darum wollen wir Ihnen hier einige Informationen geben, damit Sie sich rasch „wie zu Hause" fühlen.

Einen schönen Gottesdienst und Gottes Segen wünscht Ihnen

Ihr
OASE-TEAM

INFO-INFO-INFO-INFO-INFO-INFO

Programm:

Wir sind zwar offen für Neues, der Ablauf des Gottesdienstes folgt jedoch meist dieser Ordnung (der Liturgie):

1. Gott loben:
Mit vielen kurzen Liedern wollen wir Gott loben und uns ihm öffnen. Manche Lieder singen wir gleich zwei- oder dreimal, was uns hilft, neue Lieder zu lernen (versuchen Sie doch auch mitzusingen) und uns „einzustimmen" auf Gottes Nähe.

2. Thematischer Impuls:
Dies kann ein ganz unterschiedliches kreatives Element des Gottesdienstes sein, das Denkanstöße zum Thema geben will: Lassen Sie sich überraschen!

3. Kinder-OASE:
Kinder von 3-13 Jahren können nun in verschiedenen Gruppen ihre eigene Kinder-OASE im Untergeschoß des Gemeindezentrums feiern (Siehe Info „Kinder-OASE").

4. Während die OASE **mit weiteren Liedern** (und auch frei gesprochenen Gebeten) fortgesetzt wird, gibt es die Möglichkeit, auf einem Zettel ein Gebetsanliegen für das Gebet am Schluß des Gottesdienstes zu notieren.

5. Ein kurzer **Lebensbericht** greift Erfahrungen aus dem Alltag des Christenlebens auf.

6. Das Thema des Abends wird schließlich von einem Referenten mit Erfahrung auf diesem Gebiet angesprochen. Es bietet Orientierung in Lebensfragen aus biblischer Sicht.

7. Im **Schlußgebet** werden die eingesammelten Gebetszettel fürbittend von einem Team vor Gott gebracht.

8. Wir unterstützen verschiedene Gruppen in ihrer diakonischen oder missionarischen Arbeit und bitten dafür um **Spenden.** Sollten Sie als Gast oder erstmals bei uns in der OASE sein, so fühlen Sie sich frei, auch nichts zu geben.

9. Nach abschließenden Informationen gibt es noch die Möglichkeit zu **Gesprächen** bei einem Getränk, einem Besuch am Büchertisch oder auch zur Seelsorge (Ansprechpartner tragen einen gelben Button).

10. Die 20 Uhr **Abend-OASE** ist eine Wiederholung der Veranstaltung um 17.30 Uhr, allerdings **ohne Kinder-OASE.**

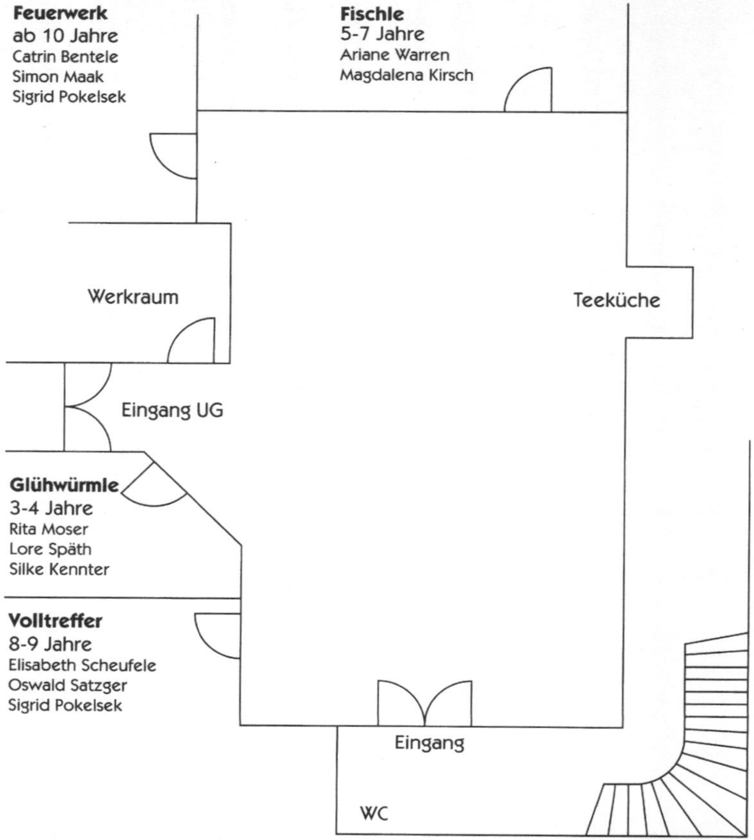

KINDER-OASE

„Einfach spitze, daß du da bist" ...

.. ist nicht nur eines der beliebtesten Kinder-OASE-Lieder, sondern drückt auch das Anliegen der Kinder-OASE aus: Es ist schön, daß die Kinder da sind, jedes ein origineller Volltreffer Gottes. So sehen wir es als unsere Aufgabe, den Kindern von Gottes Liebe weiterzusagen, sie altersspezifisch mit der Bibel vertraut zu machen. Natürlich muß das auch Spaß machen. So helfen Spiele, Bibel-Quiz, Pantomime, Theaterspiel, Basteln, Illustrationen und natürlich zahlreiche Bewegungslieder, die biblischen Inhalte lebendiger zu machen.

Zu Beginn der Kinder-OASE treffen wir uns mit den Kindern aller Altersstufen, und wir haben gemeinsam eine Zeit zum Singen und Gott zu loben. Manche Kinder erzählen auch, was sie erlebt haben. Es ist uns wichtig, daß die Kinder einen Raum haben, kindgemäß ihrem Glauben Ausdruck zu geben. Danach teilen wir uns in Gruppen auf.

Sigrid Pokelsek
(Leiterin der Kinder-OASE)

Ablauf der Kinder-OASE

Die Kinder verabschieden sich nach dem Vorprogramm des großen Gottesdienstes und treffen sich zunächst **alle** in einem großen Raum.

1. Gemeinsames Programm
(ca. 1 halbe Stunde)
Folgende Elemente kommen in diesem Teil zum Tragen:

- Lieder singen mit und ohne Bewegung
- Gebet
- Erzählen von Erlebnissen
- Fürbitte für einzelne Kinder
- Opfer einsammeln
- Geburtstagskinder begrüßen
- Hinführung zum Thema durch einen Sketch

2. Programm in den einzelnen Kindergruppen
Die Kinder teilen sich in 4 Gruppen au

3-4 Jahre: Glühwürmle
5-7 Jahre: Fischle
8-9 Jahre: Volltreffer
ab 10 Jahre: Feuerwerk

In den einzelnen Gruppen wird das biblische Thema durch Erzählen, Vorlesen oder ein Theaterspiel vorgestellt. Es gibt z.B.:

- Gesprächsrunden
- Malen der Geschichte oder passendes vorgedrucktes Bild ausmalen
- Angebot zum Basteln
- Geschichte nachspielen
- Themenbezogenes Lied

3. Schluß
Das Programm wird durch ein Spiel, Lie
Segen oder Gebet beendet.
Anschließend bekommen die Kinder eine kleine Erfrischung.

12. Vom »Stammbesucher« zum »potentiellen Mitarbeiter« durch den Grundkurs des Glaubens

Ein wichtiger Draht zum Stammbesucher ist der Rundbrief. Er beinhaltet Informationen zu weiterführenden Veranstaltungen und zur Entwicklung des Zweiten Programms. Er ermuntert auch zum Bibellesen und zum Hauskreisbesuch. Möglicherweise steigern Sie die Attraktivität des Rundbriefs durch eine Wohnungsbörse oder eine Rubrik gesucht/gefunden.

Grundkurs des Glaubens

Eine missionarisch ausgerichtete Gottesdienstarbeit, in der Menschen erstmalig oder neu mit dem Evangelium in Berührung kommen, braucht eine Einführung in die elementaren Fragen des christlichen Glaubens.

Besonders wichtig ist es, dabei den ganzen Menschen im Blick zu haben und sich nicht auf bloße Wissensvermittlung zu beschränken. Der Mensch will und kann Entscheidungen treffen, und er will mit seiner Vergangenheit und seinen aktuellen Fragen ernstgenommen werden.

Die Themen des Grundkurses lauten:

- Was suche ich im Leben? – Meine Sicherheiten
- Durchblicken – meine Sicht von Gott
- Aufbrechen – mein Weg zu Gott
- Gott kommt zu uns – mein neues Leben beginnt

- Gott wirkt in uns – meine Hingabe
- Gott wirkt durch uns – meine Früchte und Gaben

Vorbereitungsphase

- Im Vorfeld wird in Form einer Umfrage versucht, herauszufinden, wie groß das Interesse an einem Grundkurs des Glaubens ist.
- Zwei Personen – Referent/-in und Leiter/-in – besprechen die Inhalte und den Rahmen der Abende.
- Sie suchen je nach Anzahl der zu erwartenden Teilnehmer geeignete Partner/-innen für die Mitarbeit. In erster Linie sollen sie kompetente Gesprächspartner sein, die nicht nur allgemein über den Glauben reden, sondern auch ihren persönlichen Glauben zur Sprache bringen können.
- In einem gemeinsamen Vorbereitungsabend wird das Vorhaben durchgesprochen. Im Gebet soll neben der Fürbitte auch der spezielle Wille Gottes für diesen Grundkurs erfragt werden.
- Schließlich wird ein Einladungsprospekt gedruckt und im Gottesdienst verteilt.

Durchführung

Der erste Abend wird als »Schnupperabend« angekündigt. Ab dem zweiten Abend wird die Teilnahme als verbindlich angesehen.

Die Abende selbst haben in der Regel denselben Ablauf:

- Begrüßung und Einstimmung durch kurzes Singen und Beten. Erfahrungsgemäß kann mit fortschreitender Dauer des Kurses mehr gesungen werden.
- Hinführung zum Thema durch den Leiter. Dies hat den Vorteil, daß das Thema aus verschiedenen Blickwinkeln betrachtet wird und Teilnehmer unterschiedlich abgeholt werden können.
- Referat Teil 1 mit Fragenimpuls für die Kleingruppe.
- Gespräch in der Kleingruppe. Die Gesprächspartner achten darauf, daß der Bezug zum Leben, möglichst zum eigenen, gewahrt wird. Keine philosophischen Höhenflüge!
- Referat Teil 2, das das Thema fortführt und bündelt.
- Evtl. kurze Verständnisfragen.
- Abschluß mit Gebet.

Der letzte Kursabend ist als festlicher Abend mit Essen und gottesdienstähnlicher Feier geplant.

- Festliches Essen. Ein Buffet wird hergerichtet, von den Teilnehmern gestaltet.
- Im anschließenden gottesdienstähnlichen Teil mit Kurzpredigt und Segnungsteil können die Teilnehmer einen ersten oder erneuten Schritt der Hingabe an Jesus Christus vollziehen. Ein Teil der Mitarbeiter steht dabei als Segnungsteam zur Verfügung, während die anderen das Geschehen mit Singen begleiten.

Es gibt verschiedene Modelle, auf denen man einen solchen Grundkurs aufbauen kann. In unserem Fall waren dies »Farbwechsel« von Wolfram Kopfermann und »Christ werden – Christ bleiben« von Burkhard Krause.

Aufbauend auf den Grundkurs bietet sich als Weiterführung die Teilnahme an einem Hauskreis und/oder einem Vertiefungskurs an. Entsprechende Materialien der OASE finden Sie wieder auf den folgenden Seiten.

»Egal, wie – Hauptsache, Sie kommen zu uns!«

OASE-SEMINAR
c/o Diakon Karl-Heinz Müller
Zeppelinstraße 10
89537 Giengen
Telefon 07322/5141
Fax 07322/24542

Ort
Evang. Gemeindezentrum Giengen
Ferd.-Porsche-Str. 8
89537 Giengen

Unkostenbeitrag
38.- DM inclusive Mittagessen am Samstag, Imbiß und Getränken

Beginn
Dienstag, 28.11.95

Referenten
Jakobus Richter und Karl-Heinz Müller

Jakobus Richter ist geistlicher Leiter der christlichen Lebensgemeinschaft „Mühlrad e.V." in Eselsburg und biblisch-therapeutischer Seelsorger.

Mitarbeit
Heidi Gumprecht, Hausfrau
Andrea Grupp, Krankenschwester
Doris Müller, Hausfrau
Markus Grupp, Geschäftsführer
Edmund Pokelsek, Schreinermeister
Frieder Kenntner, Zimmermann

OASE-SEMINAR

GRUNDKURS DES GLAUBENS

Ein Seminar über den christlichen Glauben in kompakter Form

OASE
GOTTESDIENST
ANDERS

Herzlich willkommen!

Nicht nur die Welt um uns ist schwer verständlich und komplex geworden. Auch Fragen des Glaubens sind uns nur noch schwer verständlich. Sätze wie die folgenden verlangen nach Antwort:

* Mit der Kirche habe ich nicht viel im Sinn, aber mit dem Thema „Gott" bin ich noch nicht fertig.
* Manchmal frage ich mich: Wozu bin ich eigentlich da? Was hat das alles für einen Sinn?
* Nach allem, was ich erlebt habe, kann ich einfach nicht mehr glauben.

Wenn Sie sich in einem dieser Sätze wiederfinden, dann laden wir Sie herzlich ein zum „Grundkurs des Glaubens".

Nutzen Sie diese Chance, den Dingen des Lebens auf den Grund zu gehen. Es wird Sie ermutigen.

Ihr

Karl-Heinz Müller

Grundkurs des Glaubens

in kompakter Form an drei Terminen in einer Woche

28.11.95	Dienstag von 19.30 - 21.30
	Die Frage nach dem Sinn des Lebens und die Frage nach Gott
01.12.95	Freitag von 19.30 - 21.30
	Glaubenshindernisse und ihre Überwindung
02.12.95	Samstag von 9.30 - 18.00 Uhr
9.30 - 11.00	**Vom Mißtrauen zur Hingabe - Heilung der Gottesbeziehung**
11.00 - 11.30	Imbiß-Pause
11.30 - 13.00	**Unsere Wege zu Gott und Gottes Weg zu uns.**
13.00 - 14.15	Mittagspause
14.15 - 15.30	**Christ werden - Christ bleiben**
15.30 - 16.00	Kaffeepause
16.00 - 18.00	**Festlicher Abschluß**

Der erste Abend ist als Einführungsabend gedacht. Die weiteren Themen bauen aufeinander auf. Eine möglichst regelmäßige Teilnahme ist daher sinnoll.

Ja, ich nehme am Seminar „Grundkurs des Glaubens" teil.

Name: ______________________

Straße: ______________________

PLZ/Ort: ______________________

Alter: __________ Telefon: __________

____

Unterschrift

OASE-Seminar
c/o Karl-Heinz Müller
Zeppelinstraße 10
89537 Giengen

Veranstalter

OASE-SEMINAR

c/o Diakon Karl-Heinz Müller
Zeppelinstraße 10
89537 Giengen
Telefon 07322/5141
Fax 07322/24542

Ort

Evang. Gemeindezentrum Giengen
Ferd.-Porsche-Str. 8
89537 Giengen

Seminarpreis

48.- DM pro Paar
Referenten und Mitarbeiter erhalten keine Vergütung. Nach Abzug der Kosten wird der Überschuß für das Kinderhilfswerk Bergen gespendet.

Zeit

Samstag, 05.März 1994
14.00 - 19.00 Uhr

Im Seminarpreis enthalten sind:

* Teilnehmermappe mit vielen nützlichen Infos rund um Partnerschaft, Ehe und Familie.
* Arbeitsblätter zu den einzelnen Themen
* Zwei Pausen mit Kaffee, Tee und Kuchen bzw. Brezeln
* Tagungsgetränke auf den Tischen
* Beratung und Präsentation der Themen durch OASE-Mitarbeiterinnen und Mitarbeiter
* "Teilnahme-Partner-Zertifikat"

OASE-SEMINAR

Seminar für Paare

Ein Fall für Zwei

Kommunikation zwischen Erwartung und Enttäuschung

OASE®
GOTTESDIENST
ANDERS

Herzlich willkommen !

Partnerschaft ist Arbeit.
Das merken alle Paare über kurz oder lang. Das Gespräch und der Austausch miteinander geraten ins Stocken.

Das muß nicht so bleiben. Deshalb bieten wir ein Seminar an, in dem jedes Paar neu miteinander ins Gespräch kommen kann.

Gönnen Sie einander diese "Frühjahrskur".

Ihr
Karl-Heinz Müller

Das Seminar

Folgende Themen sind geplant:

Miteinander reden und miteinander leben
- *Kommunikation ist lernbar*

"Ich liebe Dich - Ich hasse Dich"!
- *Beziehung zwischen Erwartung und Enttäuschung*

Es kann nur noch schöner werden
- *Perspektiven gewinnen*

Die Seminareinheiten sind so aufgebaut, daß sie den Paaren Impulse geben, um miteinander ins Gespräch zu kommen.
Ziel ist es, die eigene Kommunikation zu verbessern und den anderen besser verstehen zu lernen.

Die Referenten

Heinz-Martin und Margret Adler

* seit 1 1/2 Jahren in Giengen * bekannt durch Seminare und Vorträge * seit 30 Jahren verheiratet * geben gerne weiter, was sie selbst gewonnen haben *

Ja, wir nehmen am *"Seminar für Paare"* teil:

Name: ____________ Name: ____________

Alter: ____________ Alter: ____________

Straße: ____________ Telefon: ____________

PLZ/Ort: ____________

Datum/Unterschrift: ____________

OASE-SEMINAR
c/o Diakon Karl-Heinz Müller
Zeppelinstraße 10
89537 Giengen

OASE-SEMINAR

Vertiefungsabende

Biblische Lehre in praktischen Schritten

Die Abende werden von einem Mitarbeiterteam gestaltet durch Lieder, Referate, Gruppengespräche und praktische Übungen.

Ort: Gemeindezentrum
Bitte jeweils ausgehängte Hinweise für den Raum beachten.

Zeit: 19.30 Uhr - 21.30 Uhr

02.02. Leben in Freiheit
- Umgang mit Schuld und Schuldgefühlen
Referent: Pfarrer Thomas Völklein

23.02. "Beten ist reden mit Gott und hören"
- Auf Gottes Stimme hören lernen
Referent: Diakon K.-H. Müller

30.03. Von Neuem geboren
- Wer bin ich in Gottes Augen?
Referent: Pfarrer Thomas Völklein

27.04. Glauben
- Gott führt mich ! *(Teil 1)*
Referent: Pfarrer Thomas Völklein

25.05. Glauben
- Gott führt mich ! *(Teil 2)*
Referent: Pfarrer Thomas Völklein

29.06. Auf was kann ich mich verlassen?
- Gottes Wort vertrauen
Referent: Diakon K.-H. Müller

13. Vom »potentiellen Mitarbeiter« zum »aktiven Mitarbeiter« durch D.I.E.N.S.T.

Das D.I.E.N.S.T.-Profil ist keine OASE-Erfindung, sondern basiert auf einem in den USA entwickelten Schulungsprogramm, das dort in der Willow Creek-Gemeinde eingesetzt wird. Für Deutschland wurde es von DISG-Training* überarbeitet. Es hilft Menschen, ihre Stärken zu entdecken und sie in der Gemeinde sinnvoll einzusetzen, denn D.I.E.N.S.T. steht für »Dienen im Einklang von Neigungen, Stärken und Talenten«.

Bevor Menschen sich in einer Gemeinde engagieren, werden sie sich mit großer Wahrscheinlichkeit drei Fragen stellen:

1. Warum soll ich mich in dieser Gemeinde engagieren?
2. Wo ist mein Platz, meine Aufgabe?
3. Wie kann ich diesen Platz mit meinen Begabungen füllen?

Im Ersten Programm ziehen sich immer wieder Menschen innerlich zurück, weil ihnen niemand diese drei Fragen überzeugend beantworten kann. Das D.I.E.N.S.T.-Seminar will Besuchern helfen, diese Antworten zu finden. Unsere Zeitgenossen werden dort »gewonnen«, wo sie als Mitarbeiter gebraucht werden: als Sopran im Gesangsverein, als Torwart beim Handball, als Wanderwart im Alpenverein oder als Kreisdelegierter im Partei-Ortsverein.

Es ist einfach so: Menschen fühlen sich ernst genommen, wenn wir sie um einen Dienst bitten. Eine »einladende Gemeinde« muß heute sagen können, wo und wozu sie Menschen braucht – ihre Mitarbeit, ihre Aufgaben, ihr Opfer, ihr Vorbild, ihre Fragen, ihre Erfahrung. Bei der OASE haben wir derzeit 27 verschiedene Dienste.

* DISG-Training, Postfach 1125, 75819 Remchingen

Die Zahl der Dienste nimmt weiter zu, und wir gehen davon aus, daß wir in ein bis zwei Jahren etwa 40 Dienste anbieten werden.

Manche Menschen wachsen ganz automatisch in einen Dienst hinein. Dies kann dadurch geschehen, daß jemand z.B. durch sein freundliches, offenes und herzliches Wesen auffällt und deshalb gebeten wird, den Begrüßungsdienst zu übernehmen. Manchmal geschieht die Verbindung zu einem bestimmten Dienst über Freundschaften. Man wächst einfach schnell in eine bestimmte Aufgabe hinein, weil derjenige, der einen mitgebracht hat, diesen Dienst bereits tut.

Für die anderen jedoch, und dies dürfte etwa ein Drittel aller Gottesdienstbesucher sein, ist das »D.I.E.N.S.T.-Seminar« die ideale Möglichkeit, die für sie richtige Aufgabe zu finden. Wie D.I.E.N.S.T. funktioniert, beschreibt Norbert Neumann, ein Mitarbeiter der OASE, anhand seiner persönlichen Erfahrungen.

»Damit es gerecht zugeht, erhalten Sie alle die gleiche Prüfungsaufgabe: Klettern Sie auf diesen Baum!«

Das D.I.E.N.S.T.-Seminar

Vor gut zwei Jahren habe ich an einem sogenannten Glaubenskurs teilgenommen. Diese Thematik hat mich so beschäftigt, daß ich mich dazu entschloß, zusammen mit meiner Frau einen Hauskreis zu besuchen, der im Anschluß an diesen Kurs angeboten wurde. Ich fing an, regelmäßig in den Gottesdienst zu gehen und legte dann in einem persönlichen Gespräch mit meinem Hauskreisleiter mein Leben in die Hände von Jesus Christus. Darüber bin ich sehr froh, und mein Leben hat eine neue Qualität bekommen, eine neue Zielrichtung. Meine Frau und ich haben klar formulierte Werte, wie wir zusammen unser Leben, unsere Familie gestalten können.

Ich stellte mir dann bald die Frage, wie und wo ich mich in der Gemeinde auch praktisch einbringen könnte, aber ich hatte keine konkreten Vorstellungen. Mein Hauskreisleiter kam dann auf mich zu und erzählte mir von den D.I.E.N.S.T.-Seminaren, die in unserer Gemeinde zweimal im Jahr stattfinden. Das Ziel des D.I.E.N.S.T.-Programmes ist es, daß Mitarbeiter ihren Platz in der Gemeinde finden. Es geht darum, ein ganzheitliches Verständnis von Dienen zu gewinnen. Der Mitarbeiter wird in seiner Persönlichkeit ernst genommen und entsprechend den Möglichkeiten, die Gott in sein Leben legt, vor Ort eingesetzt. Dieses Programm leitet Hans-Georg Bruchmüller, er ist der D.I.E.N.S.T.-Koordinator in unserer Gemeinde. Er leitet die Schulungen und führt die Einzelberatungen durch und ist auch der Ansprechpartner für Gemeindeglieder, die gerne zusätzliche oder andere Aufgaben in unserer Gemeinde übernehmen wollen. Das Programm beginnt mit einer Schulung, bei der das sogenannte D.I.E.N.S.T.-Profil erstellt wird. Das D.I.E.N.S.T.-Profil ist eine Zusammenstellung vier verschiedener Bereiche der Persönlichkeit. Hierbei geht es im wesentlichen um die folgenden Fragen:

1. Wo schlägt mein Herz? – Neigung

2. Welche geistlichen Gaben habe ich?

3. Was sind meine Stärken? – Persönlichkeitsstruktur – geistliche Gaben

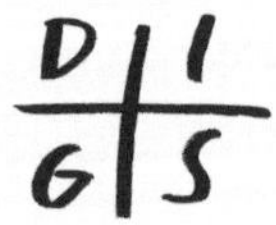

Für jeden dieser Bereiche gibt es Fragebögen, die strukturierte Ergebnisse liefern. Ein solches Ergebnis nennt man »Profil«. Für jeden Bereich wird ein Profil erstellt, d.h. ein Neigungs-Profil, ein Gaben-Profil und ein Persönlichkeits-Profil. Diese drei Profile werden am Ende der Schulung in dem D.I.E.N.S.T.-Profil zusammengefaßt.

Mir hat diese Schulung gut getan. Ich habe zum ersten Mal in meinem Leben über Fragen nachgedacht, wie z.B.: Welche Dinge sind mir wirklich wichtig im Leben? Was kann ich gut und was nicht so gut? Für welche Menschen will ich gerne dasein? Wie sieht eigentlich mein persönliches Verhalten aus, und wie komme ich mit dem andersartigen Verhalten der anderen aus? usw.

Gehen wir doch noch einmal die drei Bereiche im einzelnen durch, um den Bezug zum Dienen in der Gemeinde deutlich zu machen.

1. Wo schlägt mein Herz? – Das Neigungs-Profil

Wenn ich über meine Neigungen nachdenke, überlege ich, wo ich in der Gemeinde dienen will. Es ist selbstverständlich, daß für jeden Christen Dienen eine Grundaufgabe ist, aber jeder hat doch gewisse Themen, Fragestellungen, Problembereiche, die ihn besonders beschäftigen, herausfordern, ja die ihm »am Herzen liegen«. Was fällt Ihnen ein, wenn sie den Namen Billy Graham hören? Wahrscheinlich Evangelisation, Predigt oder ähnliches. Was verbindet Sie mit Mutter Teresa? Sicherlich Barmherzigkeit, arme und hungernde Menschen. Ihr Leben, ihre Existenz steht für ein gewisses Thema. Die Grundaufgabe ist eindeutig. Sie haben sich festgelegt. Nun geht es nicht darum, daß ich in den Slums arbeite oder mit evangelistischen Großveranstaltungen durch die Lande ziehe. Aber könnte es sein, daß mein Leben ein Thema hat, ein Grundanliegen, eine Grundausrichtung? Mir persönlich wurde deutlich, als ich mich mit dem Neigungs-Profil beschäftigte, daß es mir sehr wichtig ist, daß Menschen sich in einem Gottesdienst wohlfühlen, daß ein Gottesdienst Freundlichkeit ausstrahlt und Atmosphäre hat. Also war das Stichwort Gottesdienst mein erster »Mosaikstein«.

2. Welche geistlichen Gaben habe ich? – Das Gaben-Profil

Jeder Christ hat eine oder mehrere geistliche Gaben. Der Heilige Geist handelt in meinem Leben und bringt diese geistlichen Gaben zum Vorschein. Dies zu entdecken und im Gespräch in Kleingruppen und durch eigenes Bibelstudium die Thematik zu vertiefen, ist eine Bereicherung, die das Bild, das Gott von meinem Leben zeichnet, abrundet.

3. Was sind meine Stärken – Das DISG-Persönlichkeits-Profil
Das Persönlichkeits-Profil bildet mein bevorzugtes Verhalten ab. Dabei gibt es vier verschiedene Grundtypen des Verhaltens. Den dominanten Verhaltensstil (D-Typ), den initiativen Verhaltensstil (I-Typ), den stetigen Verhaltensstil (S-Typ) und den gewissenhaften Verhaltensstil (G-Typ). Diese vier Grundtypen resultieren aus der Kombination der zwei Ausrichtungen menschlichen Verhaltens: extrovertiert bzw. introvertiert und aufgabenorientiert bzw. menschenorientiert.

– **DOMINANT:** Menschen mit dieser Verhaltenstendenz (Hohes D) versuchen ihre Bedürfnisse zu erfüllen, indem sie ihre Umgebung durch direkte, energische Handlungen kontrollieren, wobei sie oft in ungünstigen oder feindlichen Situationen Widerstand überwinden.

– **INITIATIV:** Menschen mit dieser Verhaltenstendenz (Hohes I) versuchen ihre Bedürfnisse zu erfüllen, indem sie andere überreden, mit ihnen zusammenzuarbeiten, um Ergebnisse zu erreichen. Sie sind in freundlichen und günstigen Umgebungen am effektivsten.

– **STETIG:** Menschen mit dieser Verhaltenstendenz (Hohes S) versuchen ihre Bedürfnisse zu erfüllen, indem sie in stetiger, ausdauernder Weise mit anderen zusammenarbeiten, um ihre jeweilige Aufgabe zu erfüllen. Auch sie brauchen im allgemeinen freundliche, günstige Umgebungen.

– **GEWISSENHAFT:** Menschen mit dieser Verhaltenstendenz (Hohes G) versuchen ihre Bedürfnisse zu erfüllen, indem sie innerhalb der gegebenen Umstände daran arbeiten, Qualität und Genauigkeit zu erreichen. Sie versuchen ihren eigenen Maßstäben auch in ungünstigen Umgebungen zu genügen.

Es war eine spannende Sache, meinen bevorzugten Verhaltensstil zu entdecken. Als solcher war er mir nicht unbedingt neu; doch zu erkennen, daß jeder Verhaltensstil besondere Stärken aber auch Begrenzungen in sich birgt, war für mich eine augenöffnende Erkenntnis. Ist es doch für mich, der ich ein eher gewissenhafter und dominanter Mensch bin, wichtig zu erkennen, daß ein initiativer Mensch mein Verhalten eher als »kleinkariert«, »pedantisch« oder auch »autoritär« wahrnehmen kann, obwohl ich das gar nicht so meine. Des weiteren haben mir diese Verhaltensweisen gezeigt, wie ich in der Gemeinde dienen kann, indem ich mehr sachbezogene und weniger menschenbezogene Aufgaben wahrnehme, da ich hier meine Stärken habe.

Die D.I.E.N.S.T.-Beratung

Die Ergebnisse aus diesen drei Bereichen wurden dann im D.I.E.N.S.T.-Profil zusammengetragen. Nach der Schulung bin ich dann gemeinsam mit dem Koordinator in einem ausführlichen Gespräch das D.I.E.N.S.T.-Profil durchgegangen und habe die Ergebnisse mit ihm besprochen.

Während des Gesprächs blätterten wir in einem Katalog von D.I.E.N.S.T.-Beschreibungen, denn diese Beschreibungen sind das Gegenstück zum D.I.E.N.S.T.-Profil. Für jeden wichtigen Dienstbereich unserer Gemeinde wurde eine solche D.I.E.N.S.T.-Beschreibung erstellt. Darin sind die Kriterien genannt, die für die jeweilige Stelle wichtig sind.

Mein Koordinator machte mir drei Vorschläge für Dienstbereiche, in denen ich mich engagieren könnte. Daraufhin habe ich einen Schnuppertermin mit den Ansprechpartnern der jeweiligen Bereiche gemacht und mich dann für den folgenden Dienst entschieden:

D.I.E.N.S.T.-Beschreibung für die Stelle »Mitarbeiter für Saal und Technik im Gottesdienst«

1. Neigungen: Menschen sollen die Liebe Gottes spüren, Gottesdienste mit Atmosphäre . . .
2. Fähigkeiten: Berufsgruppen: Der Handwerkliche, Der Gestaltende, »Dinge zusammenbauen«, »Zeichnen«, »praktisch«, »einfallsreich«.
3. Stärken: Hoch »G« und hoch »S«
4. Geistliche Gabe: Dienen, Gastfreundschaft

Es ist schön zu wissen, daß Gott für eben diese Aufgabe wichtige Talente in mein Leben gelegt hat. Die Rückmeldung der Gottesdienstbesucher haben mich in dieser Entscheidung bestätigt, ebenso wie das Gespräch, das ich mit dem Koordinator nach dem ersten Vierteljahr führte.

Die drei Phasen des D.I.E.N.S.T.-Programms

Möglicherweise wollen Sie auch ein D.I.E.N.S.T.-Programm in Ihrer Gemeinde einführen. Für eine erfolgreiche Anwendung des Programms in einer Gemeinde sind drei Phasen zu beachten:

Phase A: Überlegungen zur Anwendung

Bevor die erste Schulung gehalten wird, sind einige Überlegungen und Vorarbeiten nötig. Der Pastor sollte unter seinen Mitarbeiterinnen und Mitarbeitern eine Person auswählen, die das Programm in Zukunft koordiniert. Dieser Ansprechpartner leitet die Schulungen und führt die Beratungsgespräche. Seine erste Aufgabe ist es, in Zusammenarbeit mit der Gemeindeleitung den Katalog von D.I.E.N.S.T.-Beschreibungen für die wichtigsten Bereiche der Gemeinde zu erstellen.

Im Rahmen dieses Prozesses ist es hilfreich, sich grundsätzliche Gedanken über die Ausrichtung einer Gemeinde zu machen. Wie sieht unsere Berufung aus? Welchen Dienst haben wir? Welche Dienstbereiche werden in Zukunft vielleicht kommen? Welche Zielgruppen wollen wir erreichen? usw. Außerdem gibt das D.I.E.N.S.T.-Programm Anleitungen zu einzelnen Themen: Wie werden die Beschreibungen erstellt? Wie werden Mitarbeiter für Schulungen gewonnen? usw.

Der Koordinator sollte die Gemeinde und die Leiter der einzelnen Dienstbereiche gut kennen. Wenn der Katalog von Beschreibungen fertig ist, dann können die Gemeindeglieder, einzelne Hauskreise, besonders aber die Personen, die sich im Gemeindeumfeld bisher ohne Dienstverantwortung bewegen, eingeladen werden. Ein »Marketing-Paket« stellt die Hilfsmittel für eine effektive Werbung und Einladung zur Verfügung, wie z.B. Vorlagen für Prospekte, Plakate, Pressetexte, Cliparts, Anzeigen, u.a.

Phase B: Durchführung

Die Schulung selber kann in mehreren Abendeinheiten oder in zwei Tagen, z.B. auf einer Freizeit, durchgeführt werden. Die Mitarbeiter füllen nach einer kurzen Einführung das D.I.E.N.S.T.-Profil aus und besprechen die einzelnen Ergebnisse. Diese werden aufbereitet durch Lehreinheiten, Gruppengespräche und Einzelarbeit. Dem schließt sich ein Vier-Augen-Beratungs-Gespräch mit dem Koordinator an. Der Mitarbeiter hat die Gelegenheit, mit einer Person, die alle Dienstbereiche der Gemeinde im Auge hat, sein persönliches D.I.E.N.S.T.-Profil durchzusprechen. Der Koordinator schlägt anschließend zwei oder drei Einsatzmöglichkeiten vor und bittet den Mitarbeiter, sich mit den jeweiligen Ansprechpartnern der Dienstbereiche in Verbindung zu setzen.

Phase C: Nacharbeit

Nach einigen »Schnupperterminen« entscheidet sich der Mitarbeiter für einen Dienstbereich und bringt sich dort die nächsten drei Monate verbindlich ein. Nach dieser Zeit erfolgt ein weiteres Gespräch mit dem Koordinator. Der Mitarbeiter gibt Rückmeldung, ob eine Korrektur vorzunehmen ist oder ob sein Dienst bestätigt werden kann. Auch später bleibt der Koordinator Ansprechpartner für den Mitarbeiter, wenn dieser einen neuen Dienst übernehmen oder gründen will.

Weitere Informationen zum D.I.E.N.S.T.-Programm erhalten Sie bei:

DISG-Training
Marcus Hausner
Königsbacher Str. 21
D-75196 Remchingen
Tel. 07232-3699-12
Fax 07232-3699-44

Zusammenfassend:

Sie sehen, es ist ein langer Weg, um aus einem uninteressierten landeskirchlichen Christen einen Mitarbeiter zu machen.

Dabei ist es wichtig, daß auf jeder einzelnen Stufe Aktivitäten angeboten werden, die es den Angesprochenen ermöglichen, vorzurücken. Finden auf irgendeiner Stufe keine Angebote statt, haben wir zwar durch die Vordertür einen Interessenten gewonnen, aber dieser wird nicht lange bei uns bleiben, sondern uns durch die Seitentür wieder verlassen.

vorher

nachher

Es ist ein wichtiger Dienst, den wir tun, wenn wir Menschen an der Hand nehmen und sie geduldig von einer Stufe zur anderen begleiten.

1. Neigungen
Wofür schlägt mein Herz?

2. Gaben
Welche geistlichen Gaben habe ich?

3. Persönlichkeitsstil
Was ist meine Persönlichkeitsstruktur?

D.I.E.N.S.T.-Profil

D.I.E.N.S.T. besteht aus drei Komponenten:

Der erste Schritt gibt Antwort auf die Frage: WO schlägt mein Herz? WAS begeistert mich?

Der zweite Schritt hilft, die Art des Engagements zu präzisieren, indem geklärt wird, welche geistlichen Gaben Gott mir gegeben hat.

Der dritte Schritt gibt Aufschluß über meine Persönlichkeitsstruktur, und klärt somit die Frage, WIE eine Tätigkeit ausgeführt werden soll.

Am Ende des Prozesses steht ein Beratungsgespräch mit der Fragestellung: WO soll ich mich engagieren? WO ist mein Platz in der Gemeinde?

»Damit es gerecht zugeht, erhalten Sie alle die gleiche Prüfungsaufgabe: Klettern Sie auf diesen Baum!«

Jeder Mensch hat besondere Fähigkeiten und Stärken. Gott will, daß wir sie entsprechend seiner Berufung und seinem Auftrag einsetzen.

Der Leib Christi besteht aus vielen Gliedern - aber wie weiß der Daumen, daß er kein Knie ist und wie findet das Ohr seinen Platz?

- ☑ **D.I.E.N.S.T.** - ein ganzheitlicher Ansatz, seinen Ort in der Gemeinde zu finden.
- ☑ **D.I.E.N.S.T.** - ermitteln Sie Ihr individuelles D.I.E.N.S.T.-Profil, das Ihnen Auskunft über Ihre Stärken und Begabungen gibt. Finden Sie heraus, wo Ihr Herz schlägt.
- ☑ **D.I.E.N.S.T.** - Hilfestellung wenn es darum geht, wozu Gott Sie berufen hat.

OASE-SEMINAR

D.I.E.N.S.T.

Dienen im Einklang von Neigungen, Stärken und Talenten

Evangelisches Gemeindezentrum, Giengen
27.2. und 8./9.3. 1996

OASE®
GOTTESDIENST
ANDERS

Referenten:

- **Prof. Dr. Hans-Georg Bruchmüller**, Jahrgang 1944, verheiratet, 3 Kinder, Dozent für Elektrotechnik an der FH Ulm. Mitglied des Kirchengemeinderates, Mitarbeiter im Jugendwerk und Leiter des Arbeitskreises Familie.
- **Karl-Heinz Müller**, Jahrgang 1954, Diakon, verheiratet, 4 Kinder, Leiter der OASE.
- **Marcus B. Hausner**, Jahrgang 1968, Dipl.-Betriebswirt (BA), verheiratet, 1 Kind, tätig bei DISG-Training in Vertrieb und Training. Gründungs- und Leitungsmitglied der Ökumenischen Jugendgemeinschaft "Die Brandstifter" in Albershausen.

Kosten des Seminars:

Teilnehmerunterlagen	48.- DM
Seminargebühr	50.- DM
Verpflegung ca.	20.- DM
	118.- DM
abzgl. OASE-Beitrag	40.- DM
Sonder-Teilnehmerbetrag	**78.- DM**

Ihre Anmeldung senden Sie bitte an
Diakon Karl-Heinz Müller, Zeppelinstraße 10, 89537 Giengen

Programm:

Dienstag, 27. Februar, 19.30-21.00 Uhr

- Was ist D.I.E.N.S.T.?
- Ausgabe und Erläuterung der Teilnehmerunterlagen als Vorbereitung zum Eigenstudium

Freitag, 8. März, 19.30 - 22.00 Uhr

- Einführung
- Mein Platz in der Gemeinde
  "Warum brauchen wir ein D.I.E.N.S.T.-Profil?"
- Wo schlägt mein Herz? - Das Neigungs-Profil

Samstag, 9. März, 9.30 - 17.30 Uhr

9.30	Zusammenfassung vom Freitag
10.00	Geistliche Gaben
11.00	Pause
11.15	Kleingruppen "Was ist meine Gabenkombination?"
12.45	Mittagessen
14.00	Persönlichkeitsstil
15.30	Pause
16.00	Beratungsworkshop
17.00	Zusammenfassung des Tages "Was sind die nächsten Schritte?"
17.30	voraussichtliches Ende

Ja, ich bin dabei ...

☐ Ich melde mich verbindlich an und bringe die Seminargebühr in Höhe von 78.- DM am 27.2.96 mit.

☐ Ich habe bereits mit dem ☐ DISG-Profil ☐ Gabentest gearbeitet und bringe die Unterlagen mit.

☐ Ich kann leider nicht kommen, bitte jedoch um Einladung zum nächsten **D.I.E.N.S.T.**-Seminar.

☐ Bitte schicken Sie auch eine Einladung an:

____

Ihre Anmeldung senden Sie bitte an Diakon Karl-Heinz Müller, Zeppelinstraße 10, 89537 Giengen

Adresse:

____

14. Umgang mit Wachstum – ein zweiter Gottesdienst wird nötig

Ein knappes Jahr, nachdem wir mit unserem Gottesdienst begonnen hatten, begannen die Raumprobleme. Auf 200 Stühlen saßen bis zu 250 Menschen, weil manche Eltern ihre Kinder einfach auf den Schoß nahmen. Etwa 30 weitere Personen standen im hinteren Teil des Raumes, und manchmal standen auch Besucher draußen im Foyer und bekamen nur mit Mühe und Not etwas von dem mit, was drinnen vor sich ging.

Aus der Gemeindeaufbautheorie wußten wir, daß kaum weiteres Wachstum stattfindet, wenn 80 % aller Sitzplätze belegt sind. Dabei hatten wir unsere Besucher schon ganz gut erzogen. In manchen Gemeinden ist es so, daß manche Sitze nicht frei sind, weil eine Bibel, ein Mantel oder eine Handtasche daraufliegen und der Platz einfach besetzt aussieht. Manchmal sind auch die Räumlichkeiten so, daß von einigen Sitzen aus die Sicht schlecht ist. Nein, bei uns wurde darauf geachtet, daß jeder Platz genutzt wird. Dafür sorgten schon die Gästebetreuer, die Besucher an solche Plätze führten.

Im Leitungskreis diskutierten wir die Frage: Sollen wir es riskieren, das Gottesdienstangebot zu verdoppeln? Die Schwierigkeiten waren schnell genannt:

- Wer soll das machen? Wir schaffen schon die eine Veranstaltung kaum.
- Ein zweiter Gottesdienst würde bedeuten, daß wir – inklusive Auf- und Abbauarbeiten – ca. 6 1/2 Stunden an einem Stück beschäftigt wären.
- Es gibt keine Gemeinde in unserem Umfeld, die so etwas macht, wieso dann ausgerechnet wir?
- Die Gemeinde würde gespalten.

- Unsere Veranstaltung lebt ja von einem vollen Haus. Der Festcharakter hat etwas mit der Anzahl der Menschen zu tun. Wenn hier nur noch ein kümmerliches Häufchen herumsitzt, würden wir dann nicht Leute verlieren?
- Im übrigen: Wer unbedingt einen Sitzplatz will, der braucht ja nur früh genug zu kommen.
- Würde überhaupt jemand bereit sein, zu dieser zweiten Veranstaltung zu kommen? Nachdem wir jetzt einen optimalen Zeitpunkt hatten, würden wahrscheinlich nicht viele wechseln.

Auf der anderen Seite gab es aber auch Stimmen, die sich für eine Verdopplung des Gottesdienstangebotes aussprachen:
- Das zeitlich neue Angebot würde solchen Menschen helfen, die an dem anderen Termin keine Zeit haben.
- Jede Gemeinde neigt zur Homogenität. So wie der Sonntagvormittagsgottesdienst im Ersten Programm eine Veranstaltung für ganz bestimmte Besucher ist, so sind auch die Teilnehmer unserer 17.30 Uhr-Veranstaltung inzwischen eine homogene Gruppe. Eine weitere Veranstaltung um 20.00 Uhr würde uns die Chance geben, eine andere Zielgruppe zu erreichen. Welche Zielgruppe aber könnte es sein?

Ein Gespäch mit Martin Bühlmann machte Mut. Er sagte: »Wenn nur 50 Leute euer neues Gottesdienstangebot annehmen, dann wird es keine Katastrophe. Dies ist so in etwa die Größe, bei der Menschen anfangen, sich wohl zu fühlen und das Ganze nicht als Notlösung empfinden. Von dort aus würde es sich zu einer eigenständigen Größe entwickeln. Ihr werdet sehen, daß dieser Gottesdienst dann auch eine andere Prägung erhalten wird.«

Wie recht er hatte: Nachdem die Besucher der ersten Veranstaltung den Raum verlassen hatten, wurde das Sitzplatzangebot auf 80-100 Stühle reduziert. 40 Besucher kamen. Durch die überzähligen Stühle sah das Ganze noch etwas zerklüftet aus, war jedoch an keiner Stelle peinlich. Jetzt, ein Jahr später, kommen bereits 80-100 Personen, Tendenz steigend.

»Small ist eben einfach beautiful.«

Auch die Mitarbeiterfrage wurde gelöst: Der Prediger blieb derselbe. Da wir ständig wechselnde Prediger haben, also ein Prediger nur selten dran ist, ist dies kein Problem. Auch das Kreativteam war bereit zu bleiben. Ein Kinderprogramm war bei der zweiten Veranstaltung (20.00 Uhr) nicht notwendig. Das Lobpreisteam wurde erweitert und jedem wurde freigestellt, ob er in einem oder in beiden Gottesdiensten mitmachen will.

Die Besucher sind bunter gemischt als beim ersten Gottesdienst. Es sind überraschend viele Jugendliche da, aber auch Ehepaare, deren Kinder schon aus dem Haus sind, Singles und einige wenige ältere Menschen.

Die Frage, die sich jetzt – wieder ein Jahr später – kurz vor unserem zweiten Geburtstag stellt, ist die Frage nach einer nochmaligen Erweiterung unseres Gottesdienstangebotes. Wir hatten jetzt an mehreren Sonntagen hintereinander etwas mehr als 400 Besucher. Dies bedeutet, daß vor allem die erste Veranstaltung wieder jeden Rahmen sprengt. Die Aufgabenstellung heißt, herauszufinden, wie ein dritter Gottesdienst aussehen kann. Wir haben das

Gefühl, daß es nicht noch einmal eine weitere Kopie werden darf, sondern daß wir uns jetzt stärker einer bestimmten Zielgruppe zuwenden müssen. So stehen beispielsweise im ersten Gottesdienst immer ca. 20 Jugendliche. Sie stehen übrigens, egal ob Sitzplätze da sind oder nicht. Wie wäre es mit einem Gottesdienst für Teenies und Jugendliche?

»Weil ich dann dieses Schaf, das ich so mag, bestimmt verlieren würde.«

Offensichtlich gibt es nur wenige Gemeinden, die bereit sind, ihr Gottesdienstangebot zu verdoppeln. Es gibt Gemeinden, die an dieser Frage zerbrochen sind, so daß es zu einer Gemeindespaltung kam. Deshalb hier noch einige Hinweise, wie man vorgehen kann.

1. Es ist wichtig, die biblische Begründung immer wieder in den Mittelpunkt zu stellen: Gott will, »daß allen Menschen geholfen werde und sie zur Erkenntnis der Wahrheit kommen« (1. Timotheus 2,4).

2. Der Start sollte im März bzw. Mitte September sein. Erfahrungsgemäß ist da der Gottesdienstbesuch sehr gut. Man nennt

dies auch das Gesetz des zweihöckrigen Kamels. Es hätte keinen Sinn, einen zweiten Gottesdienst dann zu beginnen, wenn grundsätzlich weniger Leute kommen, z.B. weil Winterwetter herrscht oder Urlaubszeit ist.

3. Den Zweiten Gottesdienst als »Experiment« laufen lassen und zunächst auf drei Monate begrenzen, z.B. von Mitte September bis Mitte Dezember oder Mitte März bis Mitte Juni. Manche Leute sind dann bereit, es einmal drei Monate lang zu versuchen. Sollte das ganze Projekt im März begonnen werden und mißglücken, so kann man im September noch einen zweiten Versuchen wagen.

4. Falls der Gottesdienstraum sehr groß ist, sollte man diesen zweiten Gottesdienst im Chor der Kirche abhalten oder in einem kleineren Raum. Keine Frage, daß auch dieser Raum schön dekoriert sein muß.

5. Bevor es losgeht, sollten diese Gottesdienste in drei Veranstaltungen angekündigt werden. Ein einmaliger Hinweis reicht

nicht aus, denn die meisten Menschen reagieren erst dann, wenn sie etwas mehrmals gehört und auch Zeit gehabt haben, darüber nachzudenken und zu sprechen.

6. Durch eine Umfrage kann man herausfinden, wie viele Leute bereit sind, in den neuen Gottesdienst zu gehen. Es wird immer einige Besucher geben, die aus ganz unterschiedlichen Gründen bewußt einen Wechsel wollen. Vielleicht gelingt es, einige dieser Menschen für die neue Veranstaltung zusätzlich in die Verantwortung zu nehmen.

7. Für die neue, noch unbekannte Veranstaltung muß geworben werden. In unserem Rundbrief wird immer wieder darauf hingewiesen, daß im »neuen Gottesdienst« noch Platz ist. Wir bringen Statements von Besuchern der neuen Veranstaltung, die sagen: »Kommt in den neuen Gottesdienst, dort ist noch Platz. Auch wenn weniger Leute da sind, es ist dort kein bißchen weniger interessant.«

Falls wir einen dritten Gottesdienst beginnen sollten, würden wir wie folgt vorgehen.

Fünf Wochen vorher:

- die Gründe für einen dritten Gottesdienst nennen und die Vorteile erklären;
- bitten, daß unsere Besucher für das gute Gelingen dieser neuen Sache beten;
- den Stil des neuen Gottesdienstes genau beschreiben;
- einen Fragebogen verteilen.

Vier Wochen vorher:

- die Namen von Leuten aus dem Leitungskreis mitteilen, die sich mit dieser Idee identifizieren und die u.U. auch schon gesagt haben, daß sie den neuen Gottesdienst besuchen werden, möglicherweise auch Gründe angeben, warum der eine oder andere dort mitmacht;

- die Fragebögen wieder einsammeln;
- Gebetskarten verteilen, mit denen um Gebet für die neue Veranstaltung gebeten wird.

Drei Wochen vorher:
- jemanden, der einen Gottesdienst dieser Art schon einmal irgendwo besucht hat, darüber berichten lassen;
- fragen, wer bereit ist, die neue Veranstaltung zu besuchen.

Zwei Wochen vorher:
- noch einmal die Art und die Vorteile des neuen Gottesdienstes erklären;
- die erste Ankündigung in der Zeitung bringen.

Eine Woche vorher:
- die Mitarbeiter der neuen Veranstaltung vorstellen; Mitarbeiter stehen auf, oder noch besser: kommen nach vorne;
- das Ganze so gestalten, als ob Missionare ausgesandt oder Mitarbeiter eingesegnet werden. Schließlich ist dies auch ein wichtiger Dienst.

Obwohl unsere Gottesdienste um 17.30 Uhr und 20.00 Uhr im wesentlichen von denselben Leuten gestaltet werden, sind sie unterschiedlich. Dies hat seinen Grund in den unterschiedlichen Besuchern, die mit verschiedenen Erwartungen und u.U. mit sehr unterschiedlicher geistlicher Reife kommen. Der erste Gottesdienst mit der Kinder-OASE ist lebendiger. Der zweite Gottesdienst ist geistlich sehr viel dichter, und er dauert auch länger, denn es besteht kein Zwang, das Ende des Gottesdienstes genau festzulegen, um den Ablauf mit dem Kinderprogramm zu koordinieren.

Allerdings haben wir im zweiten Gottesdienst immer den gleichen Moderator, während er im ersten Gottesdienst immer wechselt. Dieser Mitarbeiter ist eine originelle Persönlichkeit und gibt dem Gottesdienst seine ganz eigene Prägung.

15. Die OASE wird Gemeinde

Wer Menschen in einen regelmäßigen Gottesdienst einlädt, muß auch darüber nachdenken wie den Besuchern eine gemeindliche Heimat gegeben werden kann. Dort, wo ich Gottesdienst feiere, will ich auch Gemeinde leben können und z.B. mein Kind taufen. Je länger ein zielgruppenorientierter Gottesdienst existiert, um so mehr Fragen werden in diese Richtung gehen. Hier haben wir in der OASE viel von den Gemeindepflanzungen der anglikanischen Kirche gelernt. Die OASE ist ein Kind der Landeskirche. Die Chancen und Möglichkeiten dieses Bereichs aufzuzeigen, war das Ziel dieses Buches.

Am Montag, dem 16.9.96, hat der Giengener Kirchengemeinderat die Entscheidung getroffen, daß die OASE eine eigene Lebensform als Gemeinde entwickeln kann. Sie bleibt kirchenrechtlich ein Teil der verfaßten Kirchengemeinde, als eine sogenannte »rechtlich unselbständige Einrichtung« innerhalb der Kirchengemeinde. Die OASE erhält jedoch die Möglichkeit einer freiwilligen Gemeindemitgliedschaft. Zu diesem Zweck erarbeiten nun der Kirchengemeinderat, der OASE-Leitungskreis und der Oberkirchenrat eine von allen getragene Satzung. Damit ist eine Möglichkeit gegeben innerhalb traditioneller kirchlicher Strukturen neue Formen des Gemeindelebens zu schaffen.

„Oase“ will als eigene Gemeinde fortbestehen

Aber weiterhin an Landeskirche orientiert / Kirchengemeinderat gefragt

GIENGEN (tog). Steht das Giengener Gottesdienst-Modell „Oase“ in absehbarer Zeit auf eigenen Beinen? Die Einrichtung der evangelischen Landeskirche, die in vierzehntägigem Veranstaltungs-Rhythmus vor allem junge Familien zur Zielgruppe hat, möchte vielleicht schon ab Sommer dieses Jahres als selbständige Gemeinde weitermachen. Die Gründe für solche Vorstellungen sind, wie vom Leitungsteam der „Oase“ versichert wird, keineswegs etwa auf Disharmonien mit der Landeskirche zurückzuführen. Vielmehr wolle man durch die Erlangung der Selbständigkeit dazu beitragen, daß sich Kirchengemeinderat und „Oase“-Team bei ihrer vielschichtigen Arbeit noch stärker auf ihre jeweiligen Schwerpunkte konzentrieren können.

Auch als eigene Gemeinde werde man den Prinzipien der evangelischen Landeskirche treu bleiben. „Wir unterstellen uns weiterhin der Kirche und werden nichts tun, was der Kirche mißfällt. Schließlich ist die 'Oase' ein Kind der Landeskirche“, sagte Dr. Jörg Knoblauch vom Leitungsteam.

Mit der Möglichkeit einer Verselbständigung der „Oase“ hat sich auch der Oberkirchenrat bereits beschäftigt. Grundsätzlich stehe die Kirchenleitung diesem Bestreben durchaus positiv gegenüber, hieß es. Auch Dekan Richard Reininghaus (Heidenheim) bestätigte, in dieser Angelegenheit Gespräche geführt zu haben. Konkretes könne derzeit allerdings noch nicht geäußert werden, weil man sich über die Form der möglichen Selbstverwaltung erst noch detailliert unterhalten müsse.

„Sowohl die Kirchenleitung als auch ich sind aber grundsätzlich bereit, nach Wegen zu suchen, wie diese Wünsche ermöglicht werden können“, sagte Reininghaus. Es gebe auch bereits andere Beispiele, wie ähnliche Selbstverwaltungen verwirklicht wurden. Wichtig ist es jedoch aus Sicht des Dekans, daß solche Entscheidungen nur „in deutlichem Einvernehmen“ mit dem örtlichen Kirchengemeinderat getroffen werden. Und in diesem Gremium würden die Meinungen über eine Verselbständigung der „Oase“ derzeit noch auseinandergehen.

Was sich ändern wird, wenn die „Oase“ als eigenständige Gemeinde weitermachen würde, darüber hat Jörg Knoblauch teilweise bereits sehr konkrete Vorstellungen. Es würden dann Theologen als hauptamtliche Mitarbeiter eingestellt, die über die Spenden der „Oase“-Besucher finanziert würden. Neben Taufen, die es auch bisher schon in den „Oase“-Gottesdiensten gab, könnten dann auch Trauungen dort stattfinden. Entsprechende Wünsche aus der Bevölkerung lägen bereits vor. Auch sei es denkbar, neben jungen Familien weitere Zielgruppen konkret anzusprechen – wie etwa „Teenies“ oder die Gruppe der 40- bis 60jährigen Christen.

Befürchtungen, Landeskirche und „Oase“ könnten sich die Besucher gegenseitig wegnehmen, hätten sich bereits in der Vergangenheit nicht bestätigt. Auch würden der Landeskirche ihre großen Tätigkeitsbereiche bis hin zur Verwaltung der Kindergärten in vollem Umfang erhalten bleiben.

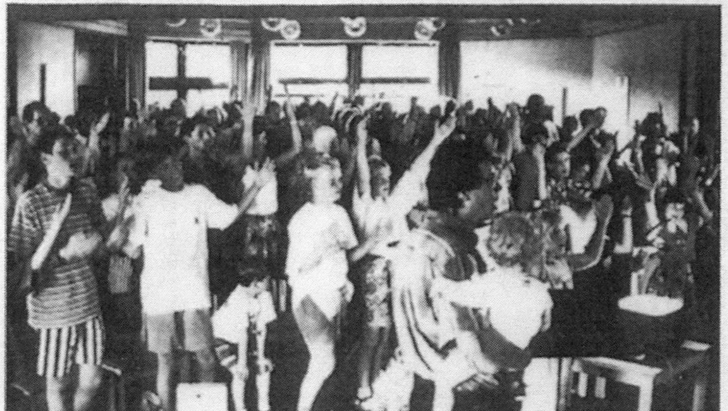

Mit Begeisterung sind die Besucher bei den „Oase“-Gottesdiensten in Giengen dabei. Foto: arc

Bisher findet im vierzehntägigen Rhythmus ein „Oase“-Gottesdienst in Giengen statt. Zu den beiden Veranstaltungen – der Nachmittags-Gottesdienst wird jeweils abends ohne Kinderbetreuung wiederholt – kommen durchschnittlich immerhin 350 Besucher. Diese große Akzeptanz hat dazu geführt, daß die „Oase“ inzwischen bundesweit als Gottesdienst-Modell gilt, das immer wieder Nachahmer findet und auch speziell auf Seminaren ausführlich Interessenten vorgestellt wird.

Innerhalb Württembergs gelte die „Oase“ als Pilotprojekt. Eine Entscheidung der Landeskirche über die künftige Möglichkeit der Tätigkeit dürfte daher Modellcharakter haben.

„Wir werden uns auch als eigene Gemeinde hundertprozentig an die Spielregeln der Landeskirche halten; aus uns wird keine Freikirche werden“, bekräftigt das Leitungsteam. Das oberste Ziel werde in Einklang mit der Landeskirche wie bisher sein, Menschen für das Evangelium zu gewinnen.

Die „Oase“ erhält jetzt eine eigene Satzung

Antrag des Leitungskreises fand im Kirchengemeinderat knappe Mehrheit

GIENGEN (tog). Das Giengener Gottesdienstmodell „Oase“ bleibt zwar weiter unter dem Dach der evangelischen Kirchengemeinde, dürfte aber künftig größere Selbständigkeit entwickeln. Rund ein Dreivierteljahr, nachdem von der „Oase“ erstmals der Wunsch nach größerer Eigenständigkeit geäußert worden war, stimmte der evangelische Kirchengemeinderat in geheimer Abstimmung einem Antrag des Leitungskreises mit knapper 8:6-Mehrheit zu. Die „Oase“ soll als „rechtlich unselbständige Einrichtung“ innerhalb der Kirchengemeinde nun eine eigene Satzung erhalten.

Diese Satzung wird gemeinsam mit Vertretern des Kirchengemeinderates, des Oberkirchenrates und des „Oase“-Leitungskreises erarbeitet. Unmittelbar, nachdem die Entscheidung gefallen war, wurde ein Arbeitskreis gebildet, der nun einen bereits vorliegenden Satzungsentwurf als Grundlage für die endgültige Fassung heranziehen soll.

Jedem Kirchengemeinderat sei während der langen Zeit der Beratungen anzumerken gewesen, daß ihm diese Entscheidung zur „Gewissenssache“ wurde, sagte Pfarrer Friedrich Hartmann nach der Wahl. Letztlich habe man jetzt aber einen Meilenstein gesetzt, von dem aus man weitermachen könne. Wäre aus Sicht der „Oase“ negativ abgestimmt worden, dann hätte im Extremfall auch eine Abspaltung von der Kirche die Folge sein können.

Was dieser Schritt nun im Detail zu bedeuten hat, das wird sich wohl erst weisen, wenn die Satzung endgültig ausgearbeitet ist. „Die Hauptarbeit beginnt erst“, sagte Hartmann. Der Pfarrer verglich die Situation, in der sich die „Oase“ jetzt befindet, mit der des Jugendwerkes. Auch diese Einrichtung habe innerhalb der Kirche eine eigene Satzung und könne ihr eigenes Profil entwickeln, ohne sich in jeder kleinen Detailfrage an den Kirchengemeinderat wenden zu müssen.

Es sei eben der Wunsch der „Oase“ gewesen, „ein Stück weit selbst agieren zu können“, wie sich Hartmann ausdrückte. Der Gedanke, eine eigene Gemeinde zu bilden, habe bei allen Diskussionen nie zur Debatte gestanden. „Wenn die Oase eine eigene Gemeinde hätte werden sollen, dann hätte man das nicht im Kirchengemeinderat besprechen müssen“, sagte der Pfarrer, der selbst dem „Oase“-Leitungskreis angehört.

Vom Programmablauf, so war Hartmann gestern überzeugt, werde sich nicht viel ändern. „Viele wollen, daß die Oase so wie bisher weitermacht“. Auszuschließen sei es nicht, daß später einmal ein fester Mitarbeiter eingestellt werde. Es wird wohl künftig – wie bisher – auch Taufen in der „Oase“ geben; vielleicht auch einmal Trauungen.

Die Aufgaben und Möglichkeiten aber müßten nun erst einmal in der Satzung umrissen werden. Vom Oberkirchenrat sind grundsätzlich keine Widerstände zu erwarten. Aus Stuttgart sei schon signalisiert worden, daß man an solchen Modellen durchaus interessiert ist.

Erfrischung für matte Geister: Die „Oase“ will weiterhin zielgruppenorientierte Gottesdienste unter dem Dach der evangelischen Kirchengemeinde anbieten. Foto arc

Gottesdienst für Kirchenferne: Bald mehr als 50 „Oasen" bundesweit

Erfolgreiches Zweites Programm

Die im ostwürttembergischen Giengen entwickelten „Oase"-Gottesdienste für kirchenferne Menschen finden immer mehr Nachahmer. Derzeit orientierten sich etwa zwölf Gruppen an den seit 1993 erprobten Ideen, hieß es bei einem Informationstreffen in Giengen bei Ulm. Die Verantwortlichen rechnen damit, daß in den nächsten zwei Jahren weitere 50 solcher Alternativ-Gottesdienste entstehen, berichtete der Leiter der ersten „Oase", Diakon Karl-Heinz Müller. Zielgruppe seien Menschen ohne Kontakte zu einer Kirche ebenso wie unzufriedene Mitglieder der Landeskirche, die sich lebendigere Gottesdienste wünschten und möglicherweise zu einer Freikirche abwanderten. Umfragen unter jungen Familien mit Kindern hätten gezeigt, daß besonders Einlagen wie Pantomime und Clownerien sowie ein gut vorbereitetes Kinderprogramm Anklang fänden. Die Predigt, in der Lebens- und Alltagsfragen angesprochen werden sollten, habe sich an den normalen Sprachgebrauch anzupassen. Als weiterführende Angebote organisiere das „Oase"-Team Glaubens- und Eheseminare. Auch gebe es zahlreiche Möglichkeiten, sich an der Gestaltung der Gottesdienste zu beteiligen. Da die vierzehntägig stattfindenden Gottesdienste mit bis zu 350 Besuchern an Sonntagnachmittagen durchgeführt werden, würden sie auch als „Zweites Programm" bezeichnet.

Foto: privat

BELIEBT bei jungen Familien: Clownerie und Pantomime zur Auflockerung des Gottesdienstes.

Bald erste Personalgemeinde Württembergs

Nach einem Beschluß des Giengener Kirchengemeinderats wird die „Oase" demächst eine „rechtlich unselbständige Einrichtung" innerhalb der Gemeinde und damit zur ersten Peronalgemeinde in der württembergischen Landeskirche. Laut Leitungskreismitglied Jörg Koblauch kann die „Oase" ihre finanziellen und personellen Angelegenheiten weitgehend selbst regeln. Wie in Landeskirchlichen Gemeinschaften sollen auch Taufen und Trauungen ermöglicht werden. Von der Kirchenleitung wird der geistliche Aufbruch in Giengen unterstützt. Wichtig sei, daß die Verbundenheit mit der Kirchengemeinde „auch nach außen hin" erkennbar bleibe, sagte Oberkirchenrat Heiner Küenzlen.

16. Die OASE pflanzt sich fort

Die OASE-Arbeit ist auf Multiplikation hin angelegt. In einigen Städten Deutschlands gibt es bereits eine OASE. Diese Multiplikation ist von uns gewollt und wir sind gerne bereit, soweit dies an uns liegt, Unterstützung zu leisten. Wenn unser Logo übernommen wird, bitten wir jedoch um zwei Dinge:

- Es sollte eine landeskirchliche Initiative sein. (Nichts gegen die Freikirchen, aber dort würden wir die Dinge etwas anders gestalten.)
- Es sollte ein Angebot für junge Familien mit Kindern sein. (Andere Zielgruppen sind genauso wichtig, jedoch würde man die mit anderen Inhalten erreichen.)

Falls Sie an unserem Halbtagesseminar zum Thema »OASE« interessiert sind, schicken wir Ihnen gerne eine Einladung. Unterlagen gibt es bei:

Traudel Knoblauch, Postfach 1108, 89526 Giengen,
Tel. 0 73 22 / 95 02 50 – Fax 0 73 22 / 95 02 57.

»OASE-Gottesdienste« in Deutschland und Österreich

Es gibt eine wachsende Anzahl von OASE-Gottesdiensten. Im folgenden finden Sie einige Anschriften. Dort schickt man Ihnen gerne ein Programm.

OASE
Karl-Heinz Müller
Zeppelinstraße 10
89537 Giengen
Tel. 07322 / 91 93 61
Fax 07322 / 91 93 63

Alle 14 Tage
17.30 bis 19.00 Uhr mit Non-Stop-Kinder-OASE
20.00 Uhr Wiederholung ohne Kinder-OASE

OASE
Diakon Peter Unger
Ardeystraße 138
58453 Witten (Ruhrgebiet)
Tel. 02302 / 8 28 49
Fax 02302 / 5 99 38

Jeden letzten Sonntag im Monat
17.00 bis 18.30 Uhr

OASE
Brigitte Steger
Evangelischer Förderverein für
Gemeindearbeit Locherhof e.V.
Schönbronnerstraße 38
78664 Eschbronn
Tel. 07403 / 1 26 98

Sonntags 17.00 Uhr
Der jeweilige Ort muß erfragt werden.

OASE
Pfarrer Ulrich Nellen
Nansenstraße 6
79539 Lörrach
Tel. 07621 / 4 54 90
Fax 07621 / 4 94 07

Jeden Sonntag um 17.30 Uhr.
Am letzten Sonntag des Monats um 19.30 Uhr.

OASE
Jürgen Diether
Zehentgasse 9
74177 Bad Friedrichshall
Tel. 07136 / 58 69

Sonntags, 1 x im Monat

OASE
Pfarrer Martin Schlor
Kirchengasse 9
A-7423 Pinkafeld
Tel. 0043 / 33 57-4 69 65
Fax 0043 / 33 57-4 22 45

1. Sonntag im Monat
17.00 bis 18.30 Uhr

OASE-Anforderungsbogen

Bitte senden Sie mir:

☐ **OASE-Video**
Ausschnitte aus dem Gottesdienst mit erläuternden Kommentaren zur OASE-Philosophie. Professionell gedrehtes Video, ca. 10 min. — 29,80 DM

☐ **2 Videos**
2 Videos à 30 min. zeigen insgesamt „6 Gemeinden der Ermutigung“. Teil dieser 6 Gemeinden ist auch der OASE-Beitrag. — 49,80 DM

☐ **Besucherpaket**
Erstbesucher erhalten umfangreiche Infos. Wir schicken Ihnen gern ein komplettes Set. — 5,— DM

☐ **Stellenbeschreibungen**
Damit Aufgaben ordentlich ausgeführt werden können, ist es für jede Aufgabe notwendig, detailliert zu beschreiben, was in den jeweiligen Bereichen zu tun ist. Ca. 50 Seiten — 10,— DM

☐ **Rundbrief**
Schicken Sie mir regelmäßig Ihren 6wöchentlich erscheinenden Rundbrief — gratis

☐ **Infonachmittag**
Mehrmals im Jahr, an einem Samstagnachmittag, laden wir Sie ein, hinter die Kulissen der OASE zu blicken. Zitat eines Besuchers: „Ein Besuch spart 3 Monate Vorbereitung.“ — gratis

☐ **Rechtliche Gestaltung**
Die OASE bemüht sich um Anerkennung als eigenständige Gemeinde innerhalb der Evang. Landeskirche. Bitte schicken Sie mir Infos darüber, wie diese rechtliche Gestaltung aussieht. — gratis

☐ **Predigtkassetten**
Gerne schicken wir Ihnen eine Liste der OASE-Predigtkassetten — gratis

OASE-Artikel mit OASE-Logo

__ Aufkleber	1,— DM	__ Kuli	2,— DM
__ Luftballon	-,50 DM	__ Streichhölzer (10er Pack)	2,50 DM
__ Notizblock	1,50 DM	__ Schildmütze	6,— DM
__ Tasse	6,50 DM	__ Palmlocher	8,90 DM
__ Besucher-Infos	5,— DM	__ T-Shirt	19,80 DM

__ Kreuze mit OASE-Logo in 3 unterschiedlichen Farben — je Stück 5,— DM

Kinder-OASE

Kreativteil

Neue Gemeindeformen innerhalb der Volkskirche
werden dringend gebraucht.
Dieses Buch enthält eine Fülle von Modellen
die zeigen, wie die Volkskirche der Zukunft
aussehen kann.

Gemeinde gründen in der Volkskirche

Modelle der Hoffnung

Jörg Knoblauch, Klaus Eickhoff
Friedrich Aschoff (Hrsg.)

240 Seiten; DM 19,80

Ich bin für die Praxis …

„Jetzt gibt es praxis auch für meine MitarbeiterInnen. Eine super Idee! Jetzt kommen die kreativen praxis-Tips auch an die Basis!“

Wählen Sie die Abo-Variante, die zu Ihnen paßt!

✗ Das Einstiegsabo

Sie haben von praxis gehört und möchten endlich Ihr eigenes Exemplar haben. Sie möchten auch das nächste Heft kennenlernen und sich dann erst entscheiden. Gefällt es Ihnen nicht, reicht eine Postkarte, um das Abo zu kündigen.

Das praxis-Abo kostet im Jahr 34,-DM

✗ Das Sammelabo

Sie suchen ein attraktives Geschenk für Ihre MitarbeiterInnen. Das praxis-Gemeindeabo bietet Ihnen die Möglichkeit, viermal im Jahr Ihre MitarbeiterInnen zu überraschen. Gleichzeitig tun Sie etwas für ihre Qualifikation. Das Sammelabo gibt es zu einem besonders günstigen Preis. Jedes Jahr haben Sie die Möglichkeit, die Bestellmenge zu ändern. Sie erhalten eine jeweils an die Bestellmenge angepaßte Rechnung über das Sammelabo an Ihr Pfarramt oder an Ihr Gemeindebüro.

Ja, ich will die neue praxis!

○ Ich bestelle das Einstiegsabo zum Preis von 34,-DM. Mir ist bekannt, daß ich nach Zusendung des ersten Heftes das Abo wieder durch Zusendung einer Postkarte kündigen kann.

○ Ich bestelle das Sammelabo für unsere Gemeinde. Bitte senden Sie mir ab sofort

○ 5 Hefte zum Preis von 140,-DM (Sie sparen 30,-DM)
○ 10 Hefte zum Preis von 220,-DM (Sie sparen 120,-DM)
○ 20 Hefte zum Preis von 320,-DM (Sie sparen 360,-DM)

Bitte schicken Sie den Bestellcoupon an folgende Adresse oder faxen Sie uns. Praxis Abo-Verwaltung, Postfach 1108, D-89526 Giengen, Fax 07322/950257

Die Zustell- und Rechnungsanschrift lautet:

Name der Gemeinde ____________

Ansprechpartner ____________

Straße ____________

PLZ/Ort ____________

Tel. ____________

Stempel des Gemeindebüros/Pfarramt